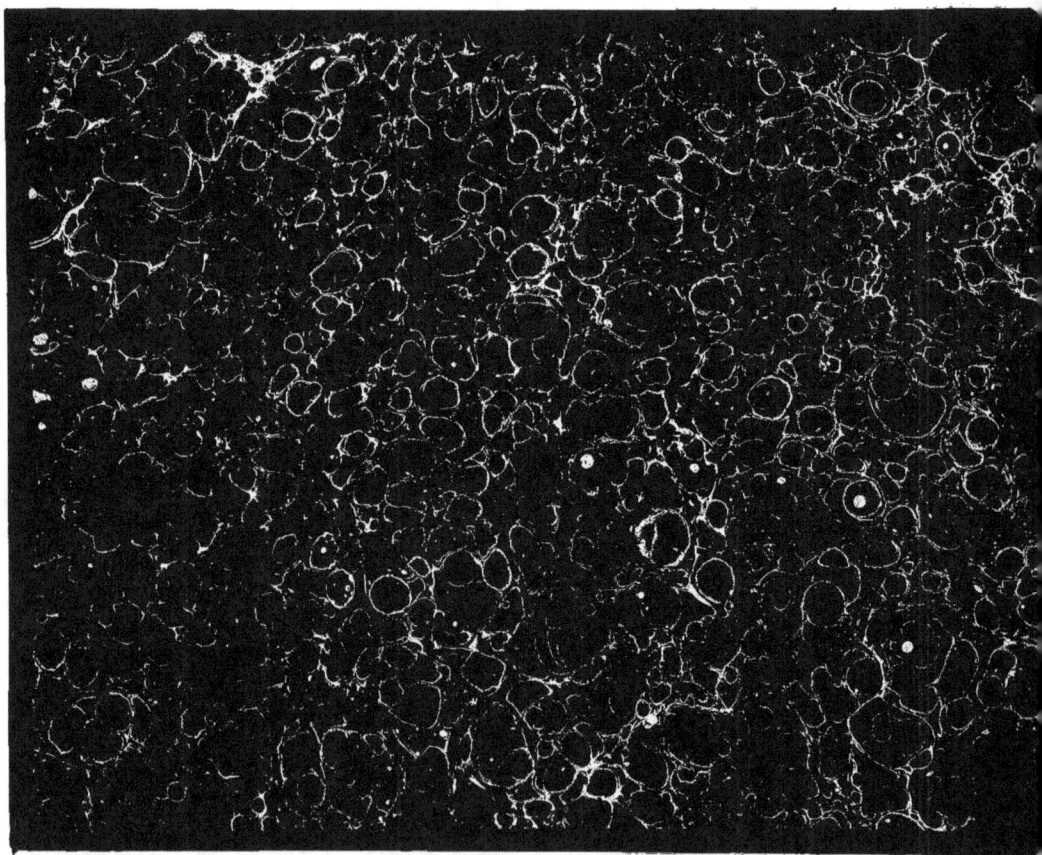

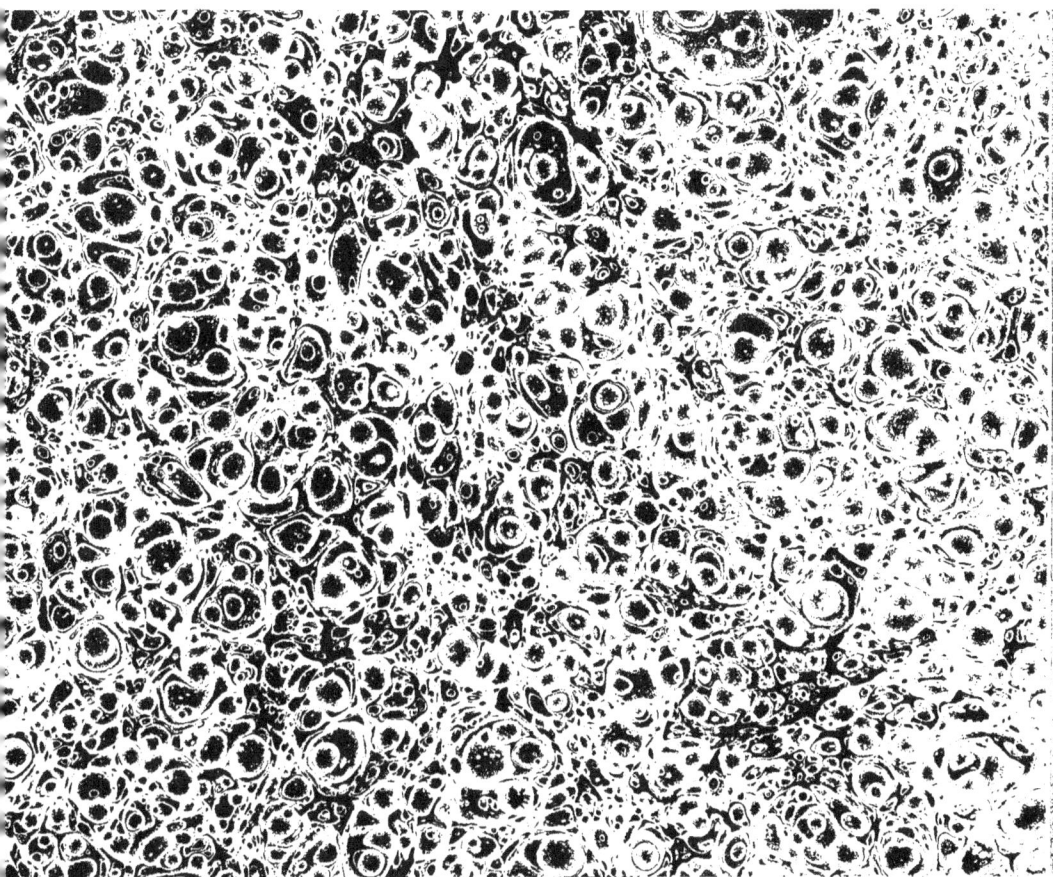

(C.)

12909

1858

PRINCIPES

DE

DESSIN LINÉAIRE

CONTENANT

Les Applications de la ligne droite et de la ligne courbe au tracé
des Figures planes et à l'ornement

par

A. BOUILLON

ARCHITECTE.

PRIX : 2 FRANCS 50 c.

Paris

CHEZ L. HACHETTE, LIBRAIRE DE L'UNIVERSITÉ
RUE PIERRE-SARRAZIN, 12.

1859

PRINCIPES

DE DESSIN LINÉAIRE.

IMPRIMERIE D'AMEDÉE GRATIOT ET Cⁱᵉ,
RUE DE LA MONNAIE, 11.

PRINCIPES

DE

DESSIN LINÉAIRE

Contenant

LES APPLICATIONS DE LA LIGNE DROITE ET DE LA LIGNE COURBE AU TRACÉ
DES FIGURES PLANES ET A L'ORNEMENT,

PAR

A. BOUILLON,

ARCHITECTE.

Paris

CHEZ L. HACHETTE,

LIBRAIRE DE L'UNIVERSITÉ ROYALE DE FRANCE,

RUE PIERRE-SARRAZIN, N° 12.

—

1859

TABLE DES MATIÈRES.

—➤➤❂❈❅—

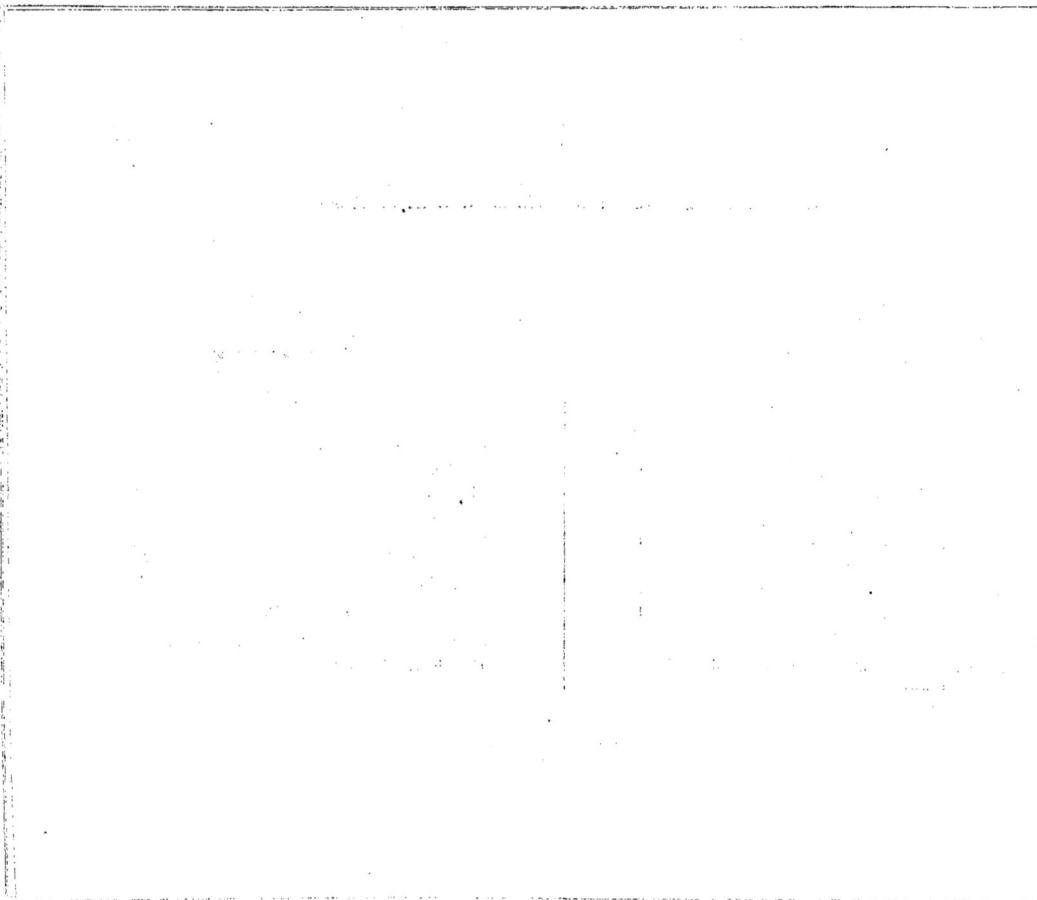

PRINCIPES
DE DESSIN LINÉAIRE.

NOTIONS PRÉLIMINAIRES.

Le Dessin linéaire est l'art de représenter, au moyen de simples traits, les objets de configuration définie, c'est-à-dire, dérivant de certaines formes élémentaires et géométriques.

Le dessin des animaux, des arbres, etc., ne doit donc pas être compris dans l'étude du Dessin linéaire, car les formes qu'ils affectent ne peuvent être géométriquement décrites.

Il n'en est pas de même du dessin d'un triangle, d'un cube, d'un vase, d'un candélabre, etc.; car des triangles et des cubes ont une forme définie, bien qu'ils puissent être de dimensions différentes, et le vase, comme le candélabre, ne présente dans sa configuration qu'une application de certaines formes élémentaires.

Les objets que l'on veut représenter sont ou des *figures planes* ou des *reliefs*.

On appelle *figure plane* toute figure située dans un plan. Une glace bien polie peut donner l'idée la plus vraie de ce qu'on appelle plan : c'est une surface sur laquelle une ligne droite, telle que l'arête d'une règle bien dressée, peut s'appliquer en tous sens.

Les *reliefs* sont les objets qui se présentent à nos yeux sous plusieurs faces. Le dessin des reliefs ne pouvant s'exécuter qu'à l'aide de méthodes complexes, nous ne devrons nous occuper que du dessin des figures planes et de l'application de la ligne droite et de la ligne courbe à quelques figures élémentaires d'ornement.

Toute figure est un assemblage de lignes ; il faut donc s'occuper préalablement du dessin des lignes.

Si l'on prend un morceau de craie taille en pointe, et qu'on l'appuie sur la surface d'un tableau noir, la trace de la craie sera un *point*. Un point, théoriquement, est ce qui n'a ni largeur, ni longueur, ni épaisseur.

Que l'on fasse mouvoir ensuite la pointe de cette craie sur le tableau, la trace qu'elle y laissera sera ce qu'on appelle une *ligne*. Une ligne est ce qui n'a que longueur.

Si l'on prend, fig. 1, deux points A et B, et que l'on fasse parcourir à la craie la distance comprise entre ces deux points sans changer de direction, c'est-à-dire, en tendant continuellement du point A vers le point B, on aura tracé une *ligne droite* et parcouru le plus court chemin entre les deux points. Aussi définit-on la ligne droite, *le plus court chemin d'un point à un autre.*

Quand, au contraire, pour parcourir la distance AB, le point ou l'extrémité de la craie se détourne à chaque instant de la direction, on décrit une *ligne courbe*, fig. 2.

Une ligne telle que la ligne ABCD, fig. 3, composée de plusieurs lignes droites, est une *ligne brisée*.

La ligne ABCDE, fig. 4, composée de lignes droites et de lignes courbes, est une *ligne mixte*.

Entre deux points on ne peut mener qu'une ligne droite, mais on peut mener une infinité de lignes courbes. Nous verrons dans la suite comment on parvient à tracer ces lignes courbes; nous ne parlerons, quant à présent, que d'une seule d'entre elles qu'il nous importe de connaître.

Supposons qu'on ait fixé une pointe en A, fig. 5, et qu'on y ait attaché une tringle AB, de manière cependant à ce qu'elle puisse tourner librement autour du point A. Si l'on fait parcourir à cette tringle l'espace environnant le point A, de telle sorte que l'extrémité B de la tringle, partant du point m, passe successivement par les points n, o, p, q, r, pour revenir au point m, la trace de l'extrémité B sera une *circonférence de cercle*.

La distance AB étant invariable, c'est-à-dire, ne pouvant ni augmenter ni diminuer, il en résulte que la circonférence de cercle est une courbe dont tous les points sont également éloignés d'un point A qu'on appelle *centre*. Les lignes, telles que AB, qui joignent le centre à un point de la circonférence, sont des *rayons*, et celles qui, passant par le centre, se terminent de part et d'autre à la circonférence, comme nq, sont des *diamètres*.

On nomme *arc de cercle* une portion quelconque de la circonférence, telle que pso, et *corde* la droite op qui joint les deux extrémités de l'arc de cercle. La *flèche* est la perpendiculaire st, élevée sur le milieu de la corde et se terminant à l'arc de cercle.

L'instrument que l'on emploie pour tracer les circonférences de cercle est le *compas*. Il est composé de deux branches mobiles, réunies à leur extrémité supérieure par une charnière; cette extrémité se nomme la *tête du compas*. On peut, au moyen de cette charnière, donner aux deux branches l'écartement dont on a besoin.

Pour tracer une circonférence on place une des pointes du compas sur le point qui doit servir de centre, et l'on fait marcher l'autre pointe en tenant la tête du compas entre le pouce et l'index, et en le faisant pivoter

sur la pointe fixe. Il faut faire attention à ne point prendre le compas par les branches, car on risquerait ainsi de les rapprocher, ce qui donnerait pour résultat une courbe tout à fait différente de la circonférence du cercle.

Pour tracer les lignes sur le papier, on emploie le crayon de mine de plomb, et sur le tableau noir, de la craie ou du crayon blanc. On doit s'habituer à ne tracer que des lignes fines et légères, car on ne parvient qu'ainsi à des résultats exacts. Sur le papier on repasse à l'encre les lignes tracées au crayon; on se sert à cet effet soit d'une plume, soit d'un tire-ligne. Pour prendre de l'encre avec un tire-ligne, on en mouille légèrement les palettes en les passant entre les lèvres, et on en trempe l'extrémité dans l'encre. Il faut avoir soin ensuite de bien essuyer les palettes à l'extérieur, car, sans cette précaution, on ne tracerait que des traits malpropres; on doit également éviter de tenir le tire-ligne trop incliné.

On emploie dans le dessin deux sortes de lignes, les *lignes pleines*, fig. 1, et les *lignes ponctuées*, fig. 6.

Les lignes pleines servent à tracer les traits qui doivent représenter les figures; les lignes ponctuées ne sont employées que pour les lignes d'opération, c'est-à-dire, pour celles qui servent à exécuter la figure.

Nota. — Nous conseillons d'employer pour le dessin linéaire des planchettes en bois blanc, emboîtées en hêtre ou en chêne, et peintes en noir d'un côté. Les élèves devront d'abord tracer chaque figure au crayon blanc sur la surface noire, et ce ne sera que quand ils seront parvenus à la tracer avec une exactitude suffisante, qu'ils la dessineront sur le papier blanc tendu de l'autre côté de la planchette.

Pour tendre le papier on le mouille légèrement et bien également à l'envers avec une éponge, et on le laisse se ressuyer. On l'étend alors sur la planchette; on humecte entre les lèvres l'extrémité d'un bâton de colle à bouche, et l'on fixe les bords du papier en commençant par les angles. Pour y parvenir, on frotte d'abord le dessous du papier avec la colle à bouche, et ensuite le dessus avec un corps dur et poli comme le manche d'un canif à coulisse, en ayant la précaution d'interposer un morceau de papier un peu fort *.

---

* On trouve chez MM. Sagey et Cie, rue Hautefeuille, 21, tous les objets nécessaires à l'étude du Dessin linéaire.

PREMIERE PARTIE.

CHAPITRE PREMIER.

DES LIGNES DROITES.

1. Le tracé des lignes droites s'exécute par différentes méthodes, suivant leur plus ou moins de longueur.

Pour tracer des lignes droites de peu d'étendue, comme cela arrive dans le dessin sur le papier ou sur le tableau, on se sert de la règle.

Pour tracer une ligne droite au moyen de la règle, fig. 7, on applique celle-ci sur les deux points *a* et *b* ou très près et à distance égale, et avec le crayon, la plume ou le tire-ligne que l'on fait glisser le long de la règle, on trace la ligne droite. Rien de plus facile que cette opération ; il faut seulement faire attention, pendant le mouvement du crayon ou du tire-ligne, à ne point changer son inclinaison sur la règle. Il importe aussi que la règle soit juste, et il n'est ici question que de la *règle plate*.

Pour vérifier si une règle est juste, par deux points on trace une ligne droite ; on retourne alors la règle bout pour bout, et par les mêmes points on trace une seconde ligne. La règle est juste, si les deux lignes coïncident parfaitement.

2. S'il s'agit de tracer une ligne droite d'une certaine étendue, comme il arrive souvent aux menuisiers, charpentiers, etc., on fixe au point *a* une ficelle frottée avec du blanc d'Espagne, on applique l'autre extrémité au point *b* en tendant fortement, et on pince la ficelle que l'on élève au-dessus de la surface ; en retombant, elle trace une ligne droite.

3. *Faire une ligne égale à une ligne donnée* AB, fig. 8.

Tirez au crayon la ligne indéfinie *mn*. Posez une pointe du compas au point A, et l'autre au point B. Reportez, sans changer l'ouverture, les pointes du compas sur la ligne *mn*, en appuyant légèrement sur le papier. Tirez deux petits traits au crayon par les deux traces *a* et *b* des deux pointes, et tracez à l'encre la ligne *ab* qui sera égale à AB.

4. *Des angles.* — On appelle *angle*, fig. 9, l'espace compris entre deux lignes droites AB, BC qui se coupent en un point B. Les lignes AB, BC sont les *côtés* de l'angle, et le point B, où se coupent les deux lignes, est son *sommet*. On désigne un angle par trois lettres, en ayant soin de mettre dans le milieu la lettre indiquant le sommet. Ainsi, l'angle tracé fig. 9, devra se désigner par les lettres ABC ou CBA.

· Deux angles sont égaux, lorsqu'en superposant le sommet et un des côtés, les deux autres côtés se confondent.

5. *Faire un angle égal à un angle donné* MNO, fig. 10 et 10 bis.

Tracez une ligne indéfinie *rs*, fig. 10 bis, sur laquelle vous marquerez en A le sommet de l'angle. Posez la pointe du compas au point *n*, fig. 10, et avec une ouverture arbitraire, décrivez entre les côtés de l'angle un arc de cercle *hig* ; reportez la pointe du compas en A, fig. 10 bis, et avec la même ouverture, décrivez un arc de cercle qui coupera la ligne *rs* au point B. Prenez ensuite, fig. 10, la grandeur *hg* de la corde de l'arc de cercle *hig*, et du point B comme centre, fig. 10 bis, avec une ouverture de compas égale à *hg*, décrivez un autre arc de cercle *kl*. Par le point C, où se coupent les deux arcs de cercle et le point A, tracez la ligne AC qui sera l'autre côté de l'angle CAB, égal à l'angle *mno*.

6. *Partager un angle donné en un certain nombre d'angles égaux.*

1° Supposons qu'il s'agisse de partager l'angle *mno*, fig. 11, en un nombre impair de parties, trois par exemple : décrivez du sommet *n* de l'angle, et avec une ouverture de compas arbitraire, l'arc de cercle *ad*, compris entre les côtés de l'angle. Divisez au compas cet arc de cercle en trois parties égales *ab*, *bc*, *cd* et par le sommet ainsi que par chacun des points de division *b*, *c*, tracez les lignes *bn*, *cn*, vous aurez partagé l'angle *mno* en trois angles égaux.

2° Soit proposé maintenant de partager l'angle *mno*, fig. 12, en un nombre pair de parties, deux par exemple.

Du sommet de l'angle *n*, comme centre, et avec une ouverture de compas arbitraire, tracez un arc de cercle. Portez ensuite la pointe du compas successivement aux points *a*, *b* où l'arc de cercle vient couper les côtés ; puis avec une ouverture de compas plus grande que la moitié de la distance *ab*, décrivez deux arcs de cercle *cd*, *ef*, qui se coupent au point *g*. Par les points *g* et *n* tracez la droite *ng* qui partagera l'angle *mno* en deux parties égales.

S'il s'agissait de diviser l'angle *mno* en quatre parties égales, on le diviserait d'abord en deux angles égaux, et on subdiviserait ensuite chacun de ces angles en deux autres angles égaux.

7. Toute droite AB, fig. 13, qui tombe sur une autre droite CD, forme un angle à droite et à gauche : ces angles prennent différents noms.

8. Si, fig. 14, les deux angles ABD, ABC sont égaux, de telle sorte qu'en pliant la figure suivant AB, la ligne BD tombe sur la ligne BC, ce sont des *angles droits*.

9. Si, fig. 15, les deux angles sont inégaux, l'angle ABC plus petit que l'angle droit GBC, se nomme *angle aigu*, et l'angle ABD plus grand que l'angle droit GBD, se nomme *angle obtus*.

10. *Faire un angle droit.*

Tracez, fig. 16, une circonférence de cercle *abcd*. Tirez le diamètre EF. Prenez un point quelconque G sur la circonférence, et joignez par des lignes droites le point G à chacun des points E, F ; l'angle EGF sera un angle droit.

11. *Faire un angle aigu.*

Faites d'abord un angle droit (10) GBC, fig. 15. Tirez ensuite par le point B une ligne BA, comprise dans l'angle GBC, vous obtiendrez ainsi un angle aigu ABC ou ABG, suivant que vous prendrez pour côté de la ligne BC ou la ligne BG.

12. *Faire un angle obtus.*

Faites d'abord un angle droit GBD, fig. 15, et tirez ensuite la droite AB en dehors de l'angle GBD. L'angle ABD sera un angle obtus.

13. *Ligne verticale et ligne horizontale.*

Si l'on prend un fil portant à son extrémité un corps pesant, et qu'on le laisse suspendu librement, ce fil, que l'on nomme *Fil à plomb*, aura une direction qu'on appelle *verticale*. Ainsi, une *ligne verticale* est celle qui suit la direction du fil à plomb.

La ligne verticale a un grand nombre d'applications dans les usages de la vie. Ainsi les arêtes des murs sont ordinairement verticales.

On appelle *ligne horizontale* ou de *niveau*, toute droite qui fait un angle droit avec la verticale.

14. On se sert, pour tracer les lignes horizontales, d'un instrument nommé *niveau*. Le niveau, fig. 17, se compose de deux règles en bois AB, AC formant un angle en A, et d'une traverse DE. Au sommet de l'angle A, est suspendu le fil à plomb *mp*, et sur la traverse DE est marqué un petit trait que vient couvrir le fil à plomb, lorsque les deux pieds B, C sont posés sur une ligne horizontale.

Pour tracer une ligne horizontale au moyen du niveau, il suffit donc de placer une règle dans une position telle, que les deux pieds portant sur cette règle, le fil à plomb vienne battre sur le petit trait.

15. *Ligne oblique.*

On appelle *ligne oblique* toute ligne AB, fig. 18, qui, en tombant sur une autre ligne CD, forme avec elle deux angles inégaux, l'un aigu ABD, l'autre obtus ABC.

16. *Copier la ligne oblique AB, qui rencontre la ligne CD au point B*, fig. 18.

Tracez, fig. 18 bis, une ligne indéfinie *mn*. Prenez sur cette ligne un point *b*, correspondant au sommet B de l'angle ABD ou ABC, fig. 18, et faites en ce point (5) un angle égal à l'un des deux angles adjacents à la droite AB. Le côté de cet angle sera l'oblique demandée.

17. *Ligne perpendiculaire.*

Une ligne AB, fig. 19, est perpendiculaire à une autre CD, lorsqu'elle ne penche ni d'un côté ni de l'autre de cette ligne. Dans ce cas, les deux angles qu'elle forme étant égaux, on en conclut qu'une perpendiculaire, en tombant sur une ligne droite, forme avec celle-ci deux angles droits.

Deux lignes telles que AB, CD, fig. 19, qui se coupent perpendiculairement, forment ce qu'on appelle dans les arts un *trait carré*.

18. L'instrument dont on se sert pour tracer les perpendiculaires, représenté fig. 20, se nomme *équerre*. Cet instrument, dont deux des côtés *ab, bc* sont perpendiculaires entre eux, se fait en bois, en métal ou en verre.

Pour élever une perpendiculaire sur une ligne droite *lm*, fig. 21, au moyen de l'équerre, on place une règle contre la ligne droite, et l'on y appuie un des côtés *bc* de l'angle droit de l'équerre : la ligne droite tracée le long du côté *ab*, est une perpendiculaire à *lm*.

La sécheresse ou l'humidité de l'air nuisent tour à tour à l'exactitu de des équerres en bois. On devra donc de préférence employer pour mener des perpendiculaires les constructions que nous allons décrire.

19. *Par un point A donné sur une ligne* lm , *élever une perpendiculaire à cette ligne*, fig. 22.

Prenez à égale distance du point A, deux points B et C. Portez successivement la pointe du compas aux points B et C, et avec une même ouverture plus grande que BA, décrivez deux arcs de cercle. Par le point D où se coupent les deux arcs de cercle, et par le point A, tracez la droite DA, qui sera la perpendiculaire demandée.

20. *Mener une perpendiculaire par le milieu d'une droite* AB, fig. 23.

Placez successivement la pointe du compas en A et en B, et avec une même ouverture plus grande que la moitié de AB, décrivez deux arcs de cercle de chaque côté de cette ligne. Par les points C, D où se coupent ces arcs de cercle, tracez la droite CD qui sera perpendiculaire à AB, et de plus, passera par son milieu.

21. *Par un point A donné hors d'une droite* CD, *abaisser une perpendiculaire sur cette droite*, fig. 24.

Posez la pointe du compas en A; et avec une ouverture plus grande que la distance du point A à la ligne CD, décrivez un arc de cercle qui coupe cette ligne aux points E, F. Reportez ensuite successivement la pointe du compas en E et F, et avec une même ouverture plus grande que la moitié de EF, tracez du côté opposé au point A deux arcs de cercle. Par le point G d'intersection des deux arcs de cercle et par le point A, tirez la droite AG qui sera la perpendiculaire demandée.

22. *Mener une perpendiculaire par l'extrémité* B *d'une droite* AB, fig. 25.

Placez une des pointes du compas en un point C, pris en dehors de la ligne AB, et l'autre, au point B. Avec cette ouverture, décrivez une circonférence de cercle *mnop* ; par le point D où cette circonférence coupe la ligne AB et par le point C, tracez une ligne que vous prolongerez jusqu'à ce qu'elle rencontre la circonférence au point E. Il ne reste plus qu'à tirer une droite par les points B et E, pour avoir la perpendiculaire demandée.

23. *Lignes parallèles.*

On appelle *lignes parallèles*, celles qui, prolongées à l'infini, ne peuvent se rencontrer, ou autrement, qui sont partout à égale distance.

24. *Par un point A mener une parallèle à la ligne* BC.

Première construction, fig. 26. — Par le point A, tirez une oblique quelconque AE qui coupe BC au point F, et faites au point A un angle égal à l'angle EFC (5) ; le côté AG de cet angle sera la parallèle demandée.

Deuxième construction, fig. 27. — Du point A, abaissez sur BC la perpendiculaire AD (21), prenez ensuite arbitrairement sur la droite donnée un point F; par ce point, élevez sur BC la perpendiculaire indéfinie Fm (19), sur laquelle vous porterez la distance AD de F en G. La droite AG, sera la parallèle demandée.

25. *Mener à la droite* AC *une parallèle distante de cette droite d'une longueur donnée* mn, fig. 28.

Prenez sur AC deux points D, E, et de chacun de ces points, comme centre, avec une ouverture de compas égale à *mn*, tracez un arc de cercle, tirez ensuite une ligne droite que touchent les deux arcs de cercle ; cette ligne sera la parallèle cherchée.

26. Les parallèles étant souvent employées en grand nombre dans une même figure, on conçoit qu'il serait alors fort long et fort difficile pour le tracer de se servir des constructions que nous venons d'indiquer ; on emploie alors la règle et l'équerre.

Supposons qu'il s'agisse de mener par le point A, fig. 29, une parallèle à la ligne BC. Posez l'équerre *abc* de telle sorte, qu'un des côtés, *ab* par exemple, soit placé sur la ligne BC. Fixez alors une règle EF contre l'autre côté *bc*, et maintenez-la fortement sur le papier ou le tableau avec la main gauche. Faites alors glisser l'équerre le long de la règle avec la main droite, jusqu'à ce que le côté *ab* se trouve sur le point A, et tracez la ligne *tm* qui sera parallèle à BC.

27. *Diviser une ligne en un nombre donné de parties égales.*

2

La division d'une ligne au moyen du compas se nomme *division par ba-lancement.* Nous allons indiquer comment on devra l'opérer : qu'il soit pro-posé, par exemple, de diviser la ligne AB en trois parties égales, fig. 30. Prenez une ouverture de compas qui vous semblera être le tiers de AB, et portez-la trois fois aux points *c, d, e.* Le point *e* ou la troisième division tombant au-delà du point B, il est évident que l'ouverture de compas est trop grande. Fermez alors les branches du compas, d'une quantité qui vous paraîtra être le tiers de la différence B*e*, et recommencez la division ; opérez ainsi, jusqu'à ce que la troisième division tombe au point B. Si on eût pris une ouverture de compas trop petite, le point *e* serait tombé en deçà du point B, et il eût fallu, dans ce cas, donner au compas une ouverture plus grande.

28. La division d'une ligne par balancement offre l'inconvénient de fati-guer le papier et de demander beaucoup de temps si l'on veut opérer avec exactitude. Les parallèles offrent un moyen rigoureux et plus prompt d'y parvenir.

Soit la ligne AB, fig. 31, à diviser en six parties égales. Par le point A, tracez arbitrairement la ligne indéfinie A*m*. Portez sur cette ligne, à partir du point A et avec une ouverture de compas quelconque, six parties égales aux points 1, 2, 3, 4, 5, 6 ; unissez le dernier point de division 6 avec l'extré-mité B de AB par une droite, et par chacun des points de division menez une parallèle à B6. Ces parallèles diviseront la ligne AB en six parties égales.

29. *Mesure des lignes.* —Mesurer une ligne, c'est chercher combien de fois cette ligne contient une certaine ligne qu'on est convenu de prendre pour terme de comparaison, et qu'on appelle l'*unité de mesure.*

L'ancienne unité de mesure en France était le pied de roi ; mais c'était une mesure tout à fait arbitraire, et telle que, si elle venait à se perdre, on ne pourrait jamais la retrouver. Pour remédier à cet inconvénient, on a adopté pour unité de mesure le *mètre*, dont la longueur est égale à la dix-millionième partie du quart du méridien terrestre. On voit donc que le mètre est une mesure constante et susceptible d'être toujours retrouvée.

Le mètre se divise en dix parties appelées *décimètres*, le décimètre en dix parties appelées *centimètres*, et le centimètre en dix parties appelées *millimè-tres*.

La mesure des lignes n'entrant qu'accidentellement dans l'étude du des-sin linéaire, nous renvoyons pour plus de détails aux ouvrages spéciaux qui traitent de cette matière (*Voy.* le Système légal des poids et mesures, par M. Lamotte, *et* les Poids et mesures du système métrique dans leur simpli-cité primitive, par M. Saigey).

CHAPITRE II.

DESSIN DES FIGURES RECTILIGNES.

30. On appelle *figure rectiligne* l'espace renfermé entre des lignes droites qui se coupent deux à deux ; la figure 32 est une figure rectiligne.

31. *Dessiner* une figure c'est tracer des lignes conformes à la définition de la figure.

32. *Construire* une figure avec des dimensions données, c'est avoir égard à ces dimensions dans le dessin de la figure.

33. *Copier* une figure, c'est reproduire cette figure, soit dans les mêmes dimensions, soit dans des dimensions différentes, mais ayant entre elles les mêmes rapports.

Dans le premier cas, les deux figures sont *égales*, dans le second elles sont *semblables*.

34. Deux figures ABCD, *abcd*, fig. 32 et fig. 33, sont égales, lorsqu'en les superposant, suivant deux de leurs lignes correspondantes, elles se con-fondent en une seule et même figure. C'est ainsi que si l'on place la ligne *ab* d'une des figures sur la ligne correspondante AB de l'autre figure, de manière que le point *a* tombe au point A, et le point *b* au point B, les lignes *bc, cd, ad* viendront nécessairement couvrir les lignes correspondantes BC, CD, AD.

35. Deux figures EFGH, *efgh*, fig. 34 et 34 *bis*, sont semblables si les angles qui se correspondent sont égaux ou si les côtés correspondants sont dans les mêmes rapports. Ici, par exemple, le côté *ef* d'une des figures étant la moitié du côté EF de l'autre figure, les côtés *fg, gh, eh* seront aussi les moitiés des côtés correspondants FG, GH, EH.

On donne particulièrement le nom de *réduction* à la copie d'une figure dans des dimensions plus petites.

PREMIÈRE SECTION. — § I.

FIGURES A TROIS CÔTÉS OU TRIANGLES.

36. Toute figure ABC, fig. 35, terminée par trois lignes droites qui se coupent deux à deux, est un *triangle*.

On distingue plusieurs sortes de triangles :

1° Le *triangle rectangle* ABC, fig. 35, qui a un angle droit ABC ; le côté AC opposé à l'angle droit se nomme l'*hypoténuse*.

2° Le *triangle isocèle* CDE, fig. 36, qui a deux côtés égaux CD, DE.

3° Le *triangle équilatéral* FGH, fig. 37, qui a ses trois côtés égaux.

4° Le *triangle scalène* LMN, fig. 38, dont les trois côtés sont inégaux.

37. On appelle *hauteur* d'un triangle, fig. 39, la perpendiculaire LO abaissée du sommet d'un des angles sur le côté opposé, prolongé s'il est nécessaire, comme dans la figure 40. Le côté MN sur lequel tombe la perpendiculaire mesurant la hauteur du triangle se nomme *base*.

Dans le *triangle isocèle*, fig. 36, la perpendiculaire abaissée du sommet de l'angle où se coupent les deux côtés égaux CD, DE, sur la base EC, la partage en deux parties égales au point m.

Dans le triangle équilatéral, fig. 37, les perpendiculaires abaissées des sommets des angles sur les côtés opposés, tombent également sur les milieux de ces côtés.

38. *Dessiner un triangle rectangle*, fig. 41.

Tracez un des côtés AB ; par le point B élevez une perpendiculaire Bm (22), prenez sur cette perpendiculaire un point C, et achevez le triangle en tirant la droite AC.

39. *Construire un triangle rectangle dont on donne l'hypoténuse et un des côtés*, fig. 42.

Tracez l'hypoténuse BC ; partagez-la en deux parties égales au point m, et de ce point comme centre, avec un rayon égal à mB, décrivez une demi-circonférence de cercle ; portez ensuite la pointe du compas en C, et avec une ouverture de compas égale à la grandeur du côté donné, décrivez un arc de cercle qui vient couper la circonférence au point D ; achevez le triangle en tirant les droites BD, DC.

40. *Construire un triangle rectangle dont on donne l'hypoténuse et la hauteur*, fig. 43.

Tracez l'hypoténuse AB, et mènez la parallèle *no*, distante de AB de la hauteur du triangle (25) ; du point m, milieu de l'hypoténuse, comme centre, et avec mB ou mA pour rayon, décrivez un arc de cercle qui coupe la ligne *no* aux points C et D, et achevez la figure en tirant les lignes AC, BC, ou BD, AD, car les deux triangles ABC et ABD sont égaux.

41. *Dessiner un triangle isocèle*, fig. 44.

Tracez une ligne droite AB ; des points A et B décrivez avec une même ouverture de compas deux arcs de cercle qui se coupent au point C et tirez les droites AC et BC.

42. *Construire un triangle isocèle dont la base et un des côtés égaux sont donnés*, fig. 44.

Tracez la base AB ; prenez une ouverture de compas égale à la grandeur des côtés égaux, et des points A et B comme centre, décrivez deux arcs de cercle : vous terminerez le dessin du triangle en tirant par le point C d'intersection les droites AC et BC.

43. *Construire un triangle isocèle dont la base et la hauteur sont données*, fig. 45.

Tracez la base AB ; par le milieu m de cette base élevez la perpendiculaire mn sur laquelle vous porterez de m en C la hauteur du triangle, et terminez la figure en tirant les droites AC, BC.

44. *Construire un triangle rectangle isocèle dont la base soit l'hypoténuse*, fig. 46.

Tracez la base AB, et par le milieu m élevez la perpendiculaire mn (20) ; du point m comme centre, avec le rayon mA, décrivez un arc de cercle qui rencontre la perpendiculaire en C, et tirez les droites CA, CB ; le triangle ABC est le triangle demandé.

45. *Dessiner un triangle équilatéral*, fig. 47.

Tracez la base AB : des points A et B avec une ouverture de compas égale à AB, décrivez deux arcs de cercle qui se coupent au point C et achevez le triangle en tirant AC et BC.

46. *Construire un triangle équilatéral dont on ne donne que la hauteur*, fig. 48.

Tirez une ligne indéfinie *rs* ; par un point m pris sur cette ligne élevez une perpendiculaire (19) et portez de m en A sur cette perpendiculaire la hauteur donnée du triangle ; faites au point A un angle droit en menant une parallèle à *rs*, et divisez cet angle en trois parties égales aux points 1, 2, 3 ; par les points 1 et A, tracez la ligne AV. La partie de cette ligne AB com-

2.

prise entre le point A et la ligne *rs* sera le côté du triangle équilatéral, que vous achèverez en portant AB sur *rs* de B en C et en tirant la droite CA.

47. *Copier le triangle ABC dans les mêmes proportions*, fig. 49 et 49 bis.

Tirez une droite *bc*, fig. 49 bis, égale au côté BC; prenez successivement une ouverture de compas égale à AC et à AB, et des points *c*, *b* comme centres, décrivez deux arcs de cercle; par le point d'intersection *a* tracez les lignes *ab*, *ac*. Le triangle *abc* sera égal au triangle ABC.

48. *Copier le triangle ABC dans une proportion donnée*, fig. 50 et 50 bis.

Supposons que le triangle ABC doive être réduit à la moitié de ses dimensions.

Tracez une ligne *bc*, fig. 50 bis, égale à la moitié de BC; prenez successivement une ouverture de compas égale à la moitié des côtés AB, AC, et des points *b* et *c* comme centres décrivez deux arcs de cercle; par le point *a* d'intersection tracez les droites *ab*, *ac*; le triangle *abc* sera la réduction du triangle ABC.

49. *Copier le triangle ABC*, *fig.* 51, *dans une proportion telle que la ligne bc*, fig. 51 bis, *soit le côté correspondant à* BC.

Première méthode. Faites aux points *b* et *c* deux angles respectivement égaux aux angles ABC, ACB; tirez les côtés des angles *bm*, *cn* qui se coupent au point *a*. Le triangle *abc* sera la réduction demandée.

Deuxième méthode. Placez la droite *bc*, fig. 52, parallèlement à BC, fig. 51, et par les points *b* et *c* menez à AB, AC deux parallèles qui se rencontrent en *a* et déterminent le triangle *abc* semblable au triangle ABC.

50. La copie des figures même les plus compliquées pouvant se réduire au dessin de triangles égaux ou semblables, on ne devra passer plus loin qu'après s'être exercé par des opérations réitérées à l'exécution des figures précédentes.

§ II. APPLICATION DES TRIANGLES.

51. *Dessiner une bordure en dents de loup*, fig. 53.

Cette bordure se compose de triangles isocèles égaux et contigus, dont les bases opposées les unes aux autres sont placées sur deux lignes parallèles. Les dents de loup sont usitées dans l'ornement et particulièrement pour les bordures de mosaïque ou d'étoffes, où les dents opposées se font d'un ton différent.

Nota. — On a indiqué au moyen des lettres de l'alphabet la marche de l'opération. Chaque ligne doit être tracée suivant l'ordre alphabétique de la lettre qui la désigne.

Tirez deux droites parallèles *aa*, *bb*; portez sur une des droites, *bb* par exemple, les bases égales *bc*, *cd*, *de*... et construisez les triangles isocèles *bfc*, *cgd*, *dhe*... (43) : pour que la figure soit dessinée exactement, *il faut que* les côtés des différents triangles soient parallèles entre eux.

52. *Dessiner une croix grecque*, fig. 54.

Cette croix est composée de quatre triangles équilatéraux dont les sommets sont réunis au même point.

Faites au point A un trait carré *aa*, *bb* (19); marquez à égale distance du point A les quatre points B qui limitent la grandeur des branches de la croix, et avec AB... pour hauteur, construisez les quatre triangles équilatéraux (46). On reconnaît que l'opération est bien faite si dans les triangles opposés les côtés des angles opposés sont dans le prolongement l'un de l'autre.

On peut modifier cette figure, fig. 55, en portant au-dessus de la base de chaque triangle et sur la hauteur la distance BC, et en unissant par des droites les points C avec les extrémités des bases.

53. *Dessiner une étoile à six pointes*, fig. 56.

Tracez la droite AA égale à la distance qui sépare deux pointes opposées, divisez-la en quatre parties égales A1, 1-2, 2-3, 3A et construisez aux points A deux triangles équilatéraux (46) ABC, ayant chacun pour hauteur trois des parties de la ligne AA. Les côtés des pointes doivent être tous égaux.

54. *Dessiner une étoile à cinq pointes*, fig. 57.

Sur une ligne droite *mn* élevez la perpendiculaire A*a* (22) égale à la hauteur de l'étoile. Faites au point A et sur A*a* un angle égal au cinquième d'un angle droit (6), et prolongez le côté de l'angle A*b* qui rencontre *mn* au point B. Reportez la distance *a*B de *a* en C et achevez le triangle isocèle ABC; portez ensuite la pointe du compas alternativement aux points A, B, C, et avec un rayon égal à BC tracez quatre arcs de cercle qui se couperont aux points D, E; tracez les droites DE, CE, BD, et la figure sera terminée.

55. *Représenter la position respective des points* A, B, C, D, fig. 58.

Tracez les droites AC, CD, AD, BD, AB et construisez, fig. 58 bis, deux triangles *abd*, *adc* ayant un côté commun *ad*, et égaux ou semblables (47 et

48) aux triangles ABD, ACD. Les points *a,b,c,d* seront la représentation exacte de la position respective des points A,B,C,D.

56. C'est sur cette dernière application des triangles qu'est fondée *la levée des plans* ; et c'est par une suite d'opérations semblables que l'on parvient à dresser le plan général ou *la carte* d'un pays.

DEUXIÈME SECTION. — § I.

FIGURES A QUATRE CÔTÉS. — QUADRILATÈRES.

57. Toute figure ABCD, fig. 59, terminée par quatre lignes droites qui se coupent deux à deux, est un *quadrilatère*.

Les lignes AC, BD, unissant les sommets de deux angles opposés, sont les *diagonales*.

58. On distingue plusieurs sortes de quadrilatères :

1° Le quadrilatère simplement dit, dont aucun des côtés n'est parallèle à un autre, fig. 59;

2° Le *trapèze*, fig. 60, dont deux des côtés AB, CD, sont parallèles entre eux ; le *trapèze régulier* est celui dont les côtés non parallèles sont égaux, fig. 61;

3° Le *parallélogramme*, fig. 62, dont les côtés opposés AB CD, AC BD, sont parallèles.

59. Il existe quatre sortes de parallélogrammes :

Le *rhombe*, fig. 62, dont les côtés contigus AB AC, CD BD, sont inégaux ;

Le *losange*, fig. 63, dont les côtés sont égaux ;

Les diagonales de ce parallélogramme sont perpendiculaires entre elles.

Le *rectangle*, fig. 64, dont les angles sont droits, et les côtés contigus inégaux ;

Le *carré*, fig. 65, dont les angles sont droits et les côtés égaux.

60. On appelle hauteur dans le trapèze et le parallélogramme la perpendiculaire EF, fig. 60 et 62, abaissée d'un des côtés parallèles sur le côté opposé. Ces deux côtés prennent le nom de *bases*.

61. *Dessiner un quadrilatère simplement dit.*

Il suffit, fig. 59, de tracer quatre lignes qui se coupent deux à deux.

62. *Copier le quadrilatère* ABCD *dans les mêmes proportions*, fig. 66 et 66 *bis*.

Tirez dans la figure donnée la diagonale AD ; tracez, fig. 66 bis, une droite *ad* égale à la diagonale, et construisez sur cette ligne deux triangles *acd, abd*, égaux aux triangles ACD, ABD (47).

63. *Copier le même quadrilatère en le réduisant de moitié*, fig. 66 ter.

L'opération est la même que la précédente, avec cette différence que les deux triangles *acd, abd*, doivent être la réduction des triangles de la figure donnée (48).

64. *Dessiner un trapèze*, fig. 67.

Il suffit de mener deux parallèles AB, CD, et deux obliques AC, BD.

65. *Construire un trapèze régulier dont on a les deux côtés parallèles et la hauteur*, fig. 61.

Tracez un des côtés parallèles AB, et sur le milieu élevez la perpendiculaire *mn* ; portez sur cette perpendiculaire de *m* en *h* la hauteur donnée, et par le point *h* tracez la parallèle *rs* à AB, sur laquelle vous porterez de chaque côté du point *h* aux points C et D la moitié de la grandeur de l'autre base. Vous achèverez le *trapèze* en tirant les droites AC, BD.

66. *Copier le trapèze* ABCD, fig. 67.

Tirez dans le trapèze donné la diagonale BC, et faites, fig. 67 bis et 67 ter, un triangle *bcd* égal ou semblable au triangle BCD, suivant que vous voulez faire une figure égale ou réduite ; par le point *b* menez à *cd* une parallèle, sur laquelle vous porterez la grandeur égale ou réduite de AB, et tirez la droite *ac*.

67. *Dessiner un parallélogramme*, fig. 62.

Tracez deux côtés contigus AC, CD ; du point D, avec une ouverture de compas égale à AC, et du point A avec une ouverture de compas égale à CD, décrivez deux arcs de cercle qui se coupent au point B, et tracez les droites BA, BD.

68. *Construire un parallélogramme dont on a les deux côtés contigus et la hauteur*, fig. 68.

Tracez la base AB, et à une distance *ef*, égale à la hauteur donnée, menez la parallèle indéfinie *rs* ; des points A et B avec une ouverture de compas égale à l'autre côté du parallélogramme, décrivez deux arcs de cercle qui coupent la droite *rs* aux points C et D; tirez les lignes AC, BD, et le parallélogramme sera construit.

69. *Copier le parallélogramme* ACDB, fig. 68.

Tirez dans la figure la diagonale CB, et faites, fig. 68 bis et 68 ter, un triangle *bea* égal ou semblable au triangle BCA ; vous obtiendrez ainsi deux des côtés du parallélogramme, et il ne restera pour terminer la figure qu'à opérer comme il est indiqué plus haut.

70. *Dessiner un losange*, fig 63.

Tracez deux droites égales, AC, AB, se coupant au point A; des points C et B, avec une ouverture de compas égale à AB, décrivez deux arcs de cercle, et par le point D d'intersection, tracez les droites CD, BD.

71. *Construire un losange dont on a la diagonale et le côté*, fig. 69.

Tracez la diagonale AB, et construisez avec le côté donné deux triangles isoscèles égaux ABC, ABD (47).

72. *Copier le losange* ABCD, fig. 69.

Tirez la diagonale AB, et construisez deux triangles isoscèles, respectivement égaux ou semblables aux triangles ACB, ADB.

73. *Dessiner un rectangle*, fig. 64.

Tracez la base AB, et à l'extrémité B élevez une perpendiculaire (22); prenez sur cette perpendiculaire un point C ; de ce point, avec une ouverture de compas égale à AB, et du point A, avec une ouverture de compas égale à BC, décrivez deux arcs de cercle qui se coupent au point D ; achevez le rectangle en traçant les droites CD, AD.

74. *Construire un rectangle dont les côtés sont donnés.*

La construction de cette figure est absolument la même que celle qui précède ; il suffit de lui donner les dimensions indiquées.

75. *Copier un rectangle.*

Comme le parallélogramme (69).

76. *Dessiner un carré*, fig. 65.

Opérez comme pour le rectangle, avec cette différence, que vous porterez sur la perpendiculaire la hauteur de la base.

77. *Construire un carré dont le côté est donné.* — On peut construire ce carré comme le rectangle. Cependant, la construction suivante offre plus d'exactitude.

Tracez le côté du carré AB, fig. 70 ; par le milieu, élevez une perpendiculaire sur laquelle vous porterez au point *o* la moitié de AB. De ce point comme centre, avec une ouverture de compas égale à oA ou oB, décrivez une circonférence de cercle. Tracez alors les diamètres AD, BC et achevez le carré en tirant les lignes AC, BD et CD.

78. *Construire un carré dont la diagonale est donnée*, fig. 71.

Tracez la diagonale AB, et par son milieu *m*, élevez une perpendiculaire. Décrivez alors du point *m* comme centre, avec une ouverture de compas égale à *m*A ou *m*B, une circonférence de cercle qui rencontre la perpendiculaire aux points C et D, et tirez les droites AC, BC, BD, AD.

79. *Copier un carré.* — Tracez une ligne égale au côté du carré ou dans une proportion donnée, et construisez le carré comme il est indiqué plus haut.

§ II. APPLICATION DES QUADRILATÈRES.

80. *Dessiner le compartiment*, fig. 72.

Commencez par dessiner le rectangle ABCD (74), dans lequel vous tirerez les diagonales AC et BD. Par le point *e* d'intersection, menez les lignes, *ff gg* parallèles aux côtés du rectangle et qui les rencontrent aux points H,I,J,K ; dessinez le losange, en traçant les droites IH, IJ, HK, JK, et terminez la figure par l'encadrement LMNO.

81. *Dessiner le compartiment*, fig. 73.

Ce compartiment est composé de trois carrés inscrits l'un dans l'autre. Dessinez le carré ABCD (76), et tirez les diagonales. Marquez en *e* et *f* la distance d'un des côtés des carrés inscrits au côté AC du carré ABCD, et par ces points, menez les deux parallèles *gg, hh*, qui coupent les diagonales aux points IJ, KL ; par ces points, menez des parallèles I*i*, J*j*, K*k*, L*l* à AB ou CD, et terminez la figure en unissant par des lignes droites leurs points d'intersection avec les diagonales, O,P,M,N.

82. *Dessiner un carrelage en échiquier*, fig. 74.

Ce carrelage, disposé comme les cases d'un échiquier, se fait ordinairement en carreaux de marbre noir et de *liais*, qui est une espèce de pierre calcaire, d'un grain très fin et dur. Il est entouré d'une bande d'encadrement également en liais.

Commencez par tracer le rectangle ABCD, et son encadrement ; portez sur AB et AC les grandeurs des carreaux aux points *e,f, g,h*, et par chacun des points de division, menez des droites parallèles aux côtés du rectangle, qui se trouvera ainsi divisé en carreaux égaux.

83. *Dessiner le compartiment*, fig. 75.

Ce compartiment, composé d'un rectangle ABCD, dans lequel sont inscrits un carré EFGH et deux rectangles inégaux IJKL et MNOP, est très usité en menuiserie pour les portes dites *à panneaux* et les lambris de hauteur. Le carré se nomme *panneau d'appui*, et le rectangle placé immédiatement au-dessus, *panneau de frise*. Les encadrements des panneaux qui sont tous d'une égale largeur, se nomment *champs*.

84. *Dessiner le carrelage* , fig. 76.

Dans ce carrelage, composé comme le précédent de carreaux de matière ou de couleur différente, ceux-ci sont disposés diagonalement, par rapport à l'encadrement. Cette figure, bien que très simple, demande beaucoup de soin pour être exécutée d'une manière exacte.

Tracez d'abord le rectangle ABCD et son encadrement; construisez le carré DEFG, et tirez les diagonales EF, DG dont vous prolongerez indéfiniment la dernière. Divisez la partie DH de cette ligne en onze parties égales, aux points 1, 2, 3..., et reportez-les à partir du point H aux points 12 et 13. Menez par chacun des points des parallèles à la diagonale EF, telles que ll, et par les points d'intersection de ces parallèles avec deux des côtés contigus du rectangle, BD, DC, tirez des droites telles que IK, IL, parallèles à l'autre diagonale DG.

Nota. — Tous les sommets des angles d'une même rangée doivent se trouver sur une même ligne *mm, nn*, parallèle à chacun des côtés du rectangle.

85. *Dessiner le compartiment*, fig. 77.

Pour dessiner ce compartiment disposé en *pointes de diamant*, commencez par diviser le carré ABCD en petits carrés égaux, comme dans le carrelage en échiquier (82), et tracez ensuite les diagonales dans chacun des carrés.

86. *Dessiner le compartiment*, fig. 78.

Ce compartiment, composé de grands et de petits carrés disposés en croix, s'exécute comme le carrelage représenté fig. 76.

87. *Dessiner l'entrelacs*, fig. 79.

On appelle *entrelacs*, une sorte d'ornement composé de lignes droites ou courbes, qui s'entrelacent entre elles d'une manière symétrique et continue.

Tracez les deux lignes AA, et entre elles à égale distance la parallèle *bb*. Par les points *c*, pris à égale distance sur la droite *bb*, élevez les perpendiculaires *dd* qui coupent les lignes AA aux points E, et sur lesquelles vous porterez les points F, également distants des points *c*. Tirez les droites EF et terminez la figure en traçant les doubles listels de l'entrelacs. Pour que la figure soit dessinée correctement, il faut que les droites EF de la même bande soient parallèles entre elles.

88. *Dessiner l'entrelacs*, fig. 80.

Cet entrelacs, composé de deux rangées de losanges dont les listels se croisent entre eux dans le sens de leur longueur, n'offre point de difficultés pour l'exécution. Les lignes ponctuées de la figure indiquent suffisamment la marche de l'opération.

89. *Dessiner un parquet sans fin*, fig. 81.

Ce parquet est composé de bandes parallèles *ou frises*, se coupant à angle droit et interceptant entre elles des carrés nommés *panneaux*. Ces frises et panneaux s'assemblent à rainures et languettes, et sont pour l'ordinaire fixés au moyen de clous sur de petites pièces de bois appelées lambourdes.

Après avoir tracé les frises d'encadrement du parquet, portez sur deux des côtés contigus les largeurs des panneaux et des frises, et tirez des lignes parallèles à celles d'encadrement. La seule difficulté de cette figure est de donner des dimensions parfaitement égales aux frises et aux côtés des panneaux. On doit aussi faire attention, en mettant à l'encre, à la manière dont les frises se rencontrent.

90. *Dessiner les grecques*, fig. 82 et 83.

Les *grecques* sont une des combinaisons de lignes les plus employées dans les produits des arts qui se rattachent au dessin. On s'en sert communément dans les bordures et les encadrements, où leur mouvement interrompu produit toujours un fort bon effet. On les emploie aussi dans la bijouterie pour chaînes de cou, bracelets, etc.

Divisez la largeur de l'espace qui doit comprendre la grecque, en 7 parties égales. Par chacun des points de division, tirez des lignes parallèles et reportez ensuite les mêmes divisions sur la longueur, aux points 1, 2, 3..... 6. fig. 82, et 1, 2, 3... 8, fig. 83, par lesquels vous mènerez des lignes perpendiculaires aux premières. Cette opération étant exécutée avec soin, vous tracerez facilement la grecque, en donnant à chacune des parties de la ligne brisée, le nombre de divisions comptées sur la figure.

91. *Dessiner un A et un H majuscules*, fig. 84 et 85.

Nous présentons ici un modèle de trois sortes de lettres : la lettre *blanche ombrée*, la lettre *maigre grise ombrée*, et la lettre *pleine avec épaisseur*.

92. *Dessiner une étoile à huit pointes*, fig. 86.

Cette étoile est composée de huit quadrilatères égaux et contigus. Dessinez les deux carrés égaux ABCD, EFGH (77), dont les diagonales se coupent

au point I, et tracez des droites par ce point, et chacun des points M,N,...
I., où se coupent les côtés des deux carrés.

95. *Dessiner la rosace rectiligne*, fig. 87.

Les lignes ponctuées de la figure indiquent suffisamment comment on doit opérer.

94. *Dessiner un plancher en point de Hongrie*, fig. 88.

Ce plancher est composé de rhombes (59) contigus les uns aux autres, et disposés par rangées parallèles de même largeur et en sens inverse l'une de l'autre. Dessinez le rectangle ABCD, et la frise d'encadrement ; divisez le côté CD en quatre parties égales, et par chacun des points de division E,F,G, menez à CA des parallèles prolongées indéfiniment ; portez sur AC, la distance CE de C en H, tirez EH, et au point H élevez la perpendiculaire indéfinie *ii*.

Menez par le point E', une parallèle à EH, qui vient couper *ii* au point *j*, divisez H*j* en 15 parties égales que vous reporterez de l'autre côté de H, aux points 1',2',3', et par tous ces points de division tracez des parallèles à EH, qui détermineront la rangée de frises comprise entre AC et EE'.

Menez alors par H une droite *kk* parallèle à CD qui vient couper FF' au point L. Tirez EL, et par tous les points de rencontre des côtés des frises de la première rangée ou de leur prolongement avec EE', menez des parallèles à EL. On continuera la même opération pour obtenir les autres rangées.

Par ce tracé, les pointes d'onglet E,F,G,E',F',G', se trouvent sur la frise d'encadrement.

95. *Dessiner une feuille de parquet d'assemblage*, fig. 89.

Tracez le carré ABCD et la frise d'encadrement, tirez les deux diagonales AD, BC, et ayant porté de chaque côté de ces diagonales la moitié de la largeur des frises, menez des parallèles qui viennent couper la ligne CD prolongée aux points *e,f,g,h*; partagez *eh* en trois parties égales, et par les points de division *i,j* tracez les deux rectangles *ilmn* et *jopk*, dont les côtés sont parallèles aux diagonales BC et AD et qui ont les sommets de leurs angles sur les côtés du carré ABCD. On terminera la figure en traçant en dehors de chacun des côtés des deux rectangles des droites parallèles qui forment avec ces côtés la largeur des frises.

96. *Dessiner la bordure*, fig. 90.

97. *Dessiner la bordure*, fig. 91.

98. *Dessiner un K et un N*, fig. 92 à 97.

99. *Dessiner les deux grecques*, fig. 98 et 99.

On procédera pour dessiner ces figures, comme nous l'avons montré plus haut (90) et comme l'indiquent les lignes ponctuées.

100. *Dessiner les bordures*, fig. 100 et 101.

Le genre de dessin de ces bordures est connu sous le nom de *dessin mousseline*. Les contours sont uniquement formés par la différence des parties blanches et des parties hachées. Pour obtenir un résultat satisfaisant il est nécessaire que la figure soit tracée au crayon avec une netteté parfaite, et que les hachures s'arrêtent juste au trait, ce qui demande une grande précision.

101. *Dessiner un I*, fig. 102 à 104.

102. *Dessiner le compartiment*, fig. 105.

Ce compartiment composé de carrés, de losanges et de triangles, est d'un effet agréable par la diversité des combinaisons qu'il présente à l'œil.

Les lignes ponctuées sur la figure rendent compte de la manière d'opérer.

TROISIÈME SECTION. — § I.

DES POLYGONES AUTRES QUE LES TRIANGLES ET LES QUADRILATÈRES.

103. On appelle plus particulièrement *polygone* toute figure rectiligne terminée par plus de quatre lignes droites.

104. *Les polygones réguliers* sont ceux dont tous les angles et tous les côtés sont égaux.

105. On distingue parmi les polygones :

Le polygone à cinq côtés ou *pentagone*.

Celui à six côtés ou *hexagone*.

Celui à huit côtés ou *octogone*.

Celui à dix côtés ou *décagone*.

Celui à douze côtés ou *dodécagone*, etc.

Nous ne parlerons que du pentagone, de l'hexagone, de l'octogone et de leurs multiples, qui sont les polygones le plus ordinairement employés.

106. *Copier un polygone irrégulier, tel que le pentagone* ABCDEF, fig. 106.

. Tirez par un des sommets du polygone tel que le sommet de l'angle BAF et par chacun des autres sommets les droites AC, AD, AE, qui décomposent la figure en quatre triangles ABC, ACD, ADE, AEF, ayant deux à deux un côté commun.

Tirez une ligne droite ab (fig. 106 bis) égale à AB ou dans une proportion donnée avec AB, et construisez le triangle abc égal ou semblable au triangle ABC (47-48); sur ac comme base, construisez ensuite le triangle acd égal ou semblable au triangle ACD; faites de même les triangles ade, aef égaux ou semblables aux triangles ADE, AEF, et le polygone abcdef sera la copie du polygone donné.

107. *Dessiner un pentagone régulier*, fig. 107.

Ayant décrit du point A comme centre une circonférence de cercle, tirez le diamètre BC et le rayon AD perpendiculaire à BC. Divisez AB en deux parties égales au point E, et de ce point comme centre, avec DE pour rayon, décrivez un arc de cercle qui vienne couper le diamètre BC au point F; tirez DF qui sera le côté du pentagone. Portez cinq fois sur la circonférence la grandeur DF aux points D, G, H, I, J, et tirez les cordes DG, GH... JD.

108. *Dessiner un hexagone régulier*, fig. 108.

Décrivez une circonférence de cercle, portez dessus six fois la grandeur du rayon aux points B, C, D, E, F, G, et tirez les cordes BC, CD... GB.

109. *Dessiner un décagone régulier*, fig. 109.

Commencez par tracer le pentagone ABCDE; par le milieu d'un des côtés AB élevez une perpendiculaire qui vienne couper la circonférence au point F. La corde AF sera le côté du décagone.

110. *Dessiner un dodécagone régulier.*

Le dodécagone s'obtient en opérant sur l'hexagone comme nous venons de l'indiquer pour le décagone.

111. *Dessiner un octogone régulier*, fig. 110.

Décrivez une circonférence de cercle dans laquelle vous inscrivez le carré ABCD; élevez sur le milieu des cordes AB, BC, CD, DA des perpendiculaires qui coupent la circonférence aux points H, G, F, E, et tirez les droites AH, HB, ... EA qui sont les côtés de l'octogone.

On emploie très fréquemment les octogones irréguliers : les figures 111 et 112 présentent ceux qui sont le plus usités. Dans la figure 111, l'octogone inscrit dans un carré a tous les côtés opposés égaux. Dans la figure 112, il inscrit dans un rectangle, et n'a que quatre de ses côtés égaux.

112. *Nota.* — Pour copier un polygone régulier dans une proportion donnée, inscrivez-le dans une circonférence dont le rayon soit dans le même rapport avec celui de la circonférence circonscrite au polygone. Ainsi, pour faire un pentagone dont les côtés soient le double d'un autre, décrivez une circonférence avec un rayon double de celui de la circonférence circonscrite au polygone donné, et inscrivez-y un pentagone (107).

113. *Construire un hexagone régulier*, fig. 113, *dont deux côtés doivent se trouver sur les lignes parallèles données* mn, rs.

Première solution. Tirez la ligne aa parallèle aux lignes mn, rs et à égale distance de ces lignes. Prenez sur cette ligne un point B et faites à ce point un angle cBd égal aux deux tiers de l'angle droit eBd et dont le côté Bc vienne couper la ligne mn au point F; BF sera le côté de l'hexagone. Pour le construire, portez BF sur mn de F en G; du point G comme centre, avec un rayon égal à FG ou FB, décrivez un arc de cercle qui coupe la ligne aa au point H et tirez GH. Terminez la figure en opérant de l'autre côté de la ligne aa comme on vient de l'indiquer.

Deuxième solution. — Tirez la ligne aa et la perpendiculaire bb comprise entre les parallèles mn, rs; de leur point d'intersection m comme centre, avec mb pour rayon, décrivez un quart de circonférence de cercle; sur le milieu i de mb, élevez une perpendiculaire qui rencontre la circonférence au point k, tirez le rayon mk et élevez à son extrémité la perpendiculaire Bk que vous prolongerez indéfiniment; la partie BO de cette perpendiculaire comprise entre les parallèles aa et rs est le côté de l'hexagone, que vous continuerez comme il est indiqué dans la solution précédente.

114. *Inscrire un octogone dans un carré donné* ABCD, fig. 114.

Tirez les diagonales AD, BC, et de leur point d'intersection E, avec le rayon EF égal à la moitié des côtés du carré, décrivez une circonférence de cercle qui vienne couper les diagonales aux points G, H, I, J; par chacun de ces points menez aux diagonales des perpendiculaires comprises entre les côtés contigus du carré; vous obtiendrez ainsi un octogone régulier.

115. *Dessiner un carrelage à carreaux à six pans*, fig. 115.

Ce carrelage se fait ordinairement en carreaux de terre moulés et cuits au four. Les côtés de ces carreaux ont de douze à seize centimètres.

Tracez le rectangle ABCD, tirez les lignes équidistantes ff, ee, parallèles aux côtés AC, BD; construisez comme il est indiqué § 113 l'hexagone M dont deux des côtés sont placés sur les lignes AC, ee, et par les sommets de ses angles, menez les droites EE, FF. La rencontre des droites EE, FF avec les droites ff, ee, déterminera les sommets des angles des hexagones de la première rangée.

Reportez sur le côté AC la grandeur EE de F en F, et la distance FE

3

de F en E′ et tracez les parallèles FF, E′E′. L'intersection de ces parallèles et des droites *ff*, *ee* déterminera les sommets des angles des hexagones de la deuxième rangée. Continuez ainsi pour les autres rangées.

116. *Dessiner le carrelage*, fig. 116.

Ce carrelage, en carreaux octogones et carrés, s'emploie pour les vestibules et les salles à manger. Les octogones sont en liais ou en marbre blanc, et les carrés en marbre noir.

Tracez dans le rectangle ABCD les lignes *aa*, *bb* parallèles à ses côtés et équidistantes, qui le divisent en carrés tels que Abca; inscrivez dans ce carré l'octogone (114) M et reportez de chaque côté des points *a* et *b* les distances *ac*, *bd* prises sur le côté du carré où est inscrit l'octogone M. Les parallèles menées par les points *c* et *d* détermineront, par leur intersection avec les droites *aa*, *bb*, les sommets des angles de tous les octogones et de tous les carrés compris entre leurs côtés.

117. *Dessiner le compartiment*, fig. 117.

Ce compartiment est composé de carrés séparés par des hexagones irréguliers. On le dessinera d'après les méthodes indiquées précédemment.

118. *Dessiner un V*, fig. 118 à 120.

119. *Dessiner un compartiment d'hexagones étoilés*, fig. 120.

Ce compartiment est composé d'hexagones dont chacun des côtés sert de base à un triangle équilatéral; les lignes ponctuées figurées suffisent pour exécuter le dessin de ce compartiment.

120. *Dessiner un compartiment de dés avec fond*, fig. 121.

Ce compartiment exécuté soit en mosaïque, soit en marqueterie, est de l'effet le plus agréable; il se compose d'hexagones et de losanges et est entouré d'un encadrement en dents de loup avec épaisseur et fond.

On peut dessiner chaque rang d'hexagones comme il a été indiqué §113; mais il y a un procédé plus prompt et plus exact. Après avoir tracé le rectangle ABCD et la première rangée d'hexagones, portez sur le côté AB des divisions A*a*, *aa* égales au rayon de l'hexagone, tirez des parallèles *aa′* à AC et par les points *b* menez d'autres parallèles *bb′* à AB. Le rectangle ABCD sera ainsi divisé en petits rectangles tels que Abca dont on tirera les diagonales A*c*, *ba* pour avoir les hexagones et les losanges; on observera, en mettant le trait à l'encre, que dans les rangées de rang pair, telles que la deuxième, la quatrième, etc., les deux demi-diagonales supérieures ne sont pas tracées.

121. *Dessiner le compartiment*, fig. 122.

Ce compartiment est composé d'octogones et de triangles avec encadrement; les lignes ponctuées indiquent comment on devra opérer.

122. *Dessiner le compartiment*, fig. 123.

Ce compartiment est formé d'octogones réguliers, d'octogones irréguliers et de carrés dont les côtés sont égaux à ceux des octogones réguliers.

123. *Dessiner le compartiment*, fig. 124.

Ce compartiment, qui présente une grande richesse, se compose d'étoiles à huit pointes séparées par des figures en forme de croix.

Après avoir tracé le carré ABCD, divisez deux de ses côtés contigus en six parties aux points *a* et *b*, et menez parallèlement à ces côtés les lignes *aa*, *bb*, qui déterminent par leur intersection les points E, F, G, etc.; de chacun de ces points comme centre, décrivez une circonférence où vous inscrirez une étoile à huit pointes, comme il a été expliqué § 92.

124. *Dessiner le compartiment*, fig. 125.

Ce compartiment, composé d'octogones, d'hexagones irréguliers et de croix à branches égales, convient parfaitement aux objets religieux.

125. *Dessiner le panneau*, fig. 126.

Tracez l'hexagone ABPDEF, et prolongez les côtés AB, AF, DP, DE, jusqu'à ce qu'ils se coupent au point G; tirez les diagonales du losange AD, GG, et tracez l'encadrement HIKL, dont vous reporterez la largeur de chaque côté des droites BP, EF, aux points *m*, *n*; en menant par ces points deux parallèles à BP et à EF, vous obtiendrez les deux triangles équilatéraux GOP, GOR. Pour dessiner l'étoile placée dans l'hexagone, du point S d'intersection des deux diagonales du losange GG, AD, décrivez les trois circonférences de cercle, et divisez la plus grande en vingt-quatre parties aux points *a*, *b*, *c*, *d*…. *z*; en menant des rayons par les points de division, vous obtiendrez, par leur rencontre avec les deux autres circonférences, les points *a′*, *b′*, *c′*, *d′*…*z′*, et l'étoile se trouvera terminée en tirant les droites *ba′*, *a′b′*, *bc′*, *c′b′*, *c′d′*, *c′d′*…. *za′*, *a′z′*. Les étoiles à trois pointes placées dans les triangles se dessinent en tirant des droites par les sommets des angles et les milieux des côtés opposés; on marque ensuite sur ces perpendiculaires, et à égale distance des côtés, les points *e*, *f*, *g*, et il ne reste plus qu'à mener des droites G*e*, *e*O, O*g*, P*g*, P*f*, *f*G.

126. *Dessiner un X*, fig. 127 à 129.

127. *Dessiner un M*, fig. 130 à 132.

DEUXIEME PARTIE.

CHAPITRE PREMIER.

DES LIGNES COURBES.

128. Le nombre de lignes courbes employées dans le dessin est infini ; cependant elles peuvent être considérées comme dérivant toutes de certaines courbes élémentaires dont elles ne sont souvent qu'un assemblage.

129. Ces courbes élémentaires sont :

La circonférence du cercle ;
L'ogive ;
L'ellipse ;
L'ovale ;
L'ovoïde ;
La courbe ondée ;
La spirale.

Nous montrerons comment, au moyen de constructions particulières, on parvient à tracer chacune de ces courbes ; mais d'abord il importe de faire connaître la méthode générale employée pour copier une courbe quelconque ; il arrive, en effet, fréquemment, surtout dans l'ornement, de rencontrer des courbes qui ne peuvent se tracer d'une manière rigoureuse. Cette méthode consiste à reproduire la situation exacte d'un certain nombre de points pris sur la courbe donnée.

130. *Copier une courbe*, fig. 133.

Prenez sur la courbe donnée un certain nombre de points, A, B, C, D,

placés aux flexions les plus remarquables, et tirez la droite AD, sur laquelle vous abaisserez les perpendiculaires B*b*, C*c* ; cela fait, tracez, fig. 133 bis, une droite A'D' égale à AD ; portez sur cette droite les divisions A *b'*, *b'c'*, *c'D'*, égales à A*b*, *bc*, *c*D, fig. 133, et par chacun des points *b'*, *c'*, fig. 133 bis, élevez des perpendiculaires ; portez alors la hauteur des points B et C, fig. 33, aux points B' et C', fig. 33 bis , et il ne vous restera plus qu'à faire passer une courbe par les points A',B',C',D', pour avoir la reproduction exacte de la courbe ABCD.

131. S'il s'agissait de copier la courbe dans une proportion donnée, par exemple, de la réduire de moitié, comme dans la figure 134, on opérerait de la même manière, en ayant l'attention de ne prendre que la moitié de chacune des lignes d'opération tracées dans la figure à copier.

Le tracé des courbes, comme nous venons de l'opérer, se nomme *tracé par points.*

132. *Tracer une courbe à deux branches symétriques*, fig. 135.

Une courbe à deux branches symétriques est celle qui, étant pliée au point d'origine A, de manière à ce qu'un point B, pris dans une des branches à une certaine distance du point A, tombe au point B' pris dans l'autre branche à une distance égale, ne présente plus qu'une seule et même courbe dans la superposition.

Supposons qu'une des branches AB soit tracée, et que le point correspondant à B dans l'autre branche soit B'.

Tirez la droite BB', et du point A, origine des deux branches, abaissez la perpendiculaire A*a*, qui partage BB' en deux parties égales ; prenez sur la courbe BA un certain nombre de points C, D ; par ces points, menez à BB' des parallèles qui rencontreront la perpendiculaire A*a* aux points *c* et

3.

d, et portez sur ces parallèles et de l'autre côté de Aa les distances Cc, Dd, aux points C' et D'; tracez alors la courbe $AD'C'B'$, qui sera symétrique à la courbe ADCB.

153. Le tracé des courbes par points offre beaucoup de difficulté pour être exécuté avec précision et netteté ; aussi est-ce un exercice qu'on ne saurait trop recommander aux élèves pour leur faire acquérir une main exercée.

On emploie assez ordinairement pour le tracé des courbes par points un instrument représenté fig. 136 et nommé *pistolet*. Cet instrument qui est fait en bois est découpé de manière à présenter dans ses contours un grand nombre de courbes. Pour se servir du pistolet, on commence par indiquer légèrement, à la main et au crayon, la courbe à dessiner, et l'on cherche ensuite les portions de courbure de l'instrument qui peuvent passer par les points de la courbe qu'on a déterminés. Bien que l'emploi du pistolet offre souvent une grande facilité, cependant il demande assez d'habitude pour éviter dans le tracé ce qu'on appelle des *jarrets* ; ce sont des angles formés par la rencontre des portions d'une courbe, et qui en contrarient le mouvement.

Les grandes courbes se tracent au moyen d'une règle flexible qu'on appuie contre les piquets plantés aux points déterminés et à laquelle on donne ainsi la courbure voulue.

DE LA CIRCONFÉRENCE DU CERCLE.

154. De toutes les courbes, la circonférence du cercle est celle qui offre la plus parfaite régularité dans son contour, et dont l'emploi prête le plus de ressource aux arts du dessin. Son usage caractérise particulièrement l'époque des arts chez les anciens.

155. *Faire une circonférence de cercle égale à une circonférence donnée.*
Il suffit de la décrire avec un rayon égal à celui de la circonférence donnée.

156. *Faire une circonférence de cercle dans un rapport donné avec une autre.*
Supposons qu'il faille tracer une circonférence de cercle égale aux deux tiers de celle qui est représentée fig. 137 ; divisez le diamètre AB en trois parties égales Ac, cd, dB ; prenez une de ces parties pour rayon et décrivez, fig. 138, la circonférence de cercle EFGH, qui sera les deux tiers de la première.

157. *Trouver le centre d'une circonférence de cercle*, fig. 139.

Les circonférences ne peuvent être copiées qu'au moyen de leurs rayons, et le rayon n'est connu que lorsqu'on a le centre de la circonférence ; il devient donc souvent nécessaire de savoir trouver ce centre.

Prenez sur la circonférence donnée trois points, tels que A, B et C, et tirez les cordes AB et BC ; sur le milieu de ces cordes d et e élevez les perpendiculaires ff, gg ; le point H d'intersection de ces perpendiculaires est le centre cherché, et la ligne HA le rayon de la circonférence.

158. *Faire passer une circonférence ou un arc de cercle par trois points donnés non en ligne droite.*
Soient A,B,C, fig. 140, les trois points donnés ; tirez les droites AB, BC, sur le milieu desquelles vous élèverez les perpendiculaires dd, ee ; le point F d'intersection de ces perpendiculaires est le centre de la circonférence passant par les trois points donnés.

159. *Tracer une circonférence de cercle sans se servir du centre.*
Supposons que nous ayons le diamètre AB, fig. 141, d'une circonférence, mais qu'il y ait impossibilité de se servir du centre pour y placer, soit la pointe d'un compas, soit un piquet. Du point A tirez à volonté Ae, Ac.... Af ; du point B abaissez sur ces droites les perpendiculaires Be, Bc .... Bf ; d'intersection de ces deux systèmes de lignes E, C...F, sont autant de points de la circonférence de cercle, et il suffira pour la tracer de faire passer une courbe par tous ces différents points. Il est inutile d'observer que plus on aura de points, plus le tracé de la courbe sera facile.

Mais on peut encore tracer cette courbe par un mouvement continu, en employant la méthode suivante.

Fixez deux clous ou deux piquets aux points A et B ; ayez une équerre GHI, et attachez en H au sommet de l'angle droit un crayon ou une pointe ; faites alors mouvoir le point H, de manière à ce que les côtés de l'équerre passent toujours par les points A et B ; ce mouvement engendrera une demi-circonférence de cercle ; pour décrire l'autre demi-circonférence retournez l'angle droit de l'équerre de l'autre côté du diamètre et opérez de la même manière. Vous obtiendrez ainsi une circonférence de cercle aussi parfaite que si elle était décrite au compas ou au cordeau.

DE L'OGIVE.

140. On appelle *ogive* une courbe ADB, fig. 142, dont les branches symétriques sont formées de deux arcs de cercle. La courbe ogive n'a guère été employée qu'à l'époque qui précéda la renaissance des arts ; on la rencontre dans les monuments gothiques, qu'elle sert particulièrement à caractériser.

141. *Dessiner une ogive*, fig. 142.

Tracez l'ouverture AB de l'ogive, et par le milieu C de AB élevez une perpendiculaire sur laquelle vous porterez la hauteur ou montée CD ; menez les droites AD, DB, par le milieu desquelles vous tracerez les perpendiculaires *ee*, *ff* qui rencontrent AB aux points E et F. Ces points sont les centres des branches de l'ogive.

DE L'ELLIPSE.

142. *L'ellipse* est une courbe aplatie renfermant un espace plus long que large ; on la rencontre fréquemment dans les monuments de l'époque dite de la renaissance. Dans toute ellipse, fig. 143, la ligne AB, qui est la plus grande qu'on puisse tirer dans l'intérieur de la courbe, contient deux points F, F' situés à égale distance des points A et B, et tels que si l'on tire de chacun de ces points une ligne à un point quelconque C de la courbe, la somme des lignes FC, F'C est égale à la ligne AB. La ligne AB est le grand axe, la ligne CD perpendiculaire sur le milieu de AB est le petit axe, et les points FF' sont les foyers de l'ellipse.

143. *Tracer une ellipse par un mouvement continu* (ovale de jardinier).

Tracez le grand axe AB, fig. 143, et le petit axe CD ; prenez la moitié AE du grand axe, et avec AE pour rayon, du point C, extrémité du petit axe, décrivez un arc de cercle. Les points FF' d'intersection de cet arc de cercle par le grand axe, sont les deux foyers. Cela fait, fixez en F et F' les extrémités d'un fil ou d'un cordeau, le moins extensible qu'il sera possible, et ayant pour longueur celle du grand axe AB. Tendez ce fil au moyen d'un crayon ou d'une pointe, et faites mouvoir ce crayon ou cette pointe en suivant le fil toujours tendu également, à partir du point C, passant par les points A, D, B et revenant au point de départ. La courbe tracée sera une ellipse.

144. *Tracer une ellipse par points*, fig. 143.

Tracez le grand axe AB, ainsi que le petit axe CD, et déterminez, comme dans la précédente figure, les foyers FF'. Du point F, tracez avec un rayon plus petit que FB un arc de cercle *gh*. Portez ce rayon sur le grand axe de A en *j*, prenez la différence B*j* du rayon et du grand axe, et

avec B*j* pour rayon, du point F' comme centre, tracez un arc de cercle qui coupe le premier au point K. Le point K sera un des points de l'ellipse ; on obtiendra par des opérations semblables, les points L, M, N.... R, et l'on tracera une courbe passant par ces différents points.

DE L'OVALE.

145. La difficulté de tracer les ellipses d'une manière exacte à cause de l'extension des cordeaux, surtout dans de grandes dimensions, a fait imaginer plusieurs constructions qui permettent de décrire au compas des courbes qui se rapprochent sensiblement des ellipses.

Ces courbes prennent le nom d'ovales.

146. *Tracer un ovale dont on donne le grand axe* AB, fig. 144.

Divisez AB en trois parties égales aux points C et D ; construisez les deux triangles équilatéraux CED, CFD qui ont une base commune CD, et dont vous prolongerez indéfiniment les côtés EC, ED, FC, FD ; des points C et D, avec un rayon égal à AC ou DB, décrivez les arcs de cercle GAH, IBJ, compris entre les prolongements des côtés des triangles. Reportez ensuite successivement la pointe du compas aux points E, F, et avec un rayon égal à EG ou FJ, tracez les arcs de cercle GI, HJ qui termineront le contour de l'ovale.

147. *Tracer un ovale dont on donne les deux axes*, fig. 145.

Tracez les deux axes AB, CD qui se coupent au point E. De ce point comme centre, avec la moitié du grand axe AB pour rayon, décrivez le quart d'une circonférence de cercle BFG. Portez le rayon EB du point B au point F, et menez les droites BF, EF et FG. Par le point C, menez une parallèle à FG qui vienne couper BF au point H, et par ce point, menez Hs parallèle à EF, et qui rencontre le grand axe en I, et le petit axe prolongé en J. Reportez sur AB la distance EI de E en I', et sur CD la distance EJ de E en J'. Les quatre points J, J', I, I', seront les quatre centres de l'ovale. Pour le tracer, tirez les droites J'I, JI, J'I' et JI' que vous prolongerez indéfiniment : des points compris entre les prolongements des droites J'I, JI, J'I' et JI', reportez ensuite la pointe du compas aux points J et J', et avec JC pour rayon, décrivez les deux arcs de cercle compris entre les prolongements des mêmes droites. Si l'opération a été faite avec exactitude, ces quatre arcs de cercle doivent se rencontrer aux points *k*, *l*, *m*, il et former une courbe continue sans jarrets.

On obtient par cette construction un ovale qui se rapproche sensiblement de l'ellipse.

DE L'OVOÏDE.

148. On appelle *ovoïde* une courbe dont la forme se rapproche de celle de l'œuf, fig. 146.

149. *Dessiner un ovoïde dont on donne le petit axe* AB, fig. 146.

Sur le milieu F de AB, élevez une perpendiculaire *cd*, et du point F comme centre, avec un rayon égal à AF ou BF, tracez une circonférence de cercle. Par le point G où cette circonférence rencontre la perpendiculaire *cd*, et par les points A et B, tirez les lignes AG, BG que vous prolongerez indéfiniment; des points A et B comme centres, avec un rayon égal à AB, décrivez deux arcs de cercle AH, BI, compris entre les prolongements de BG et de AG, et terminez l'ovoïde en reportant la pointe du compas au point G, et en traçant avec GH pour rayon l'arc de cercle IH.

DE LA COURBE ONDÉE.

150. La *courbe ondée*, fig. 147, est celle qui, comme l'indique son nom, rappelle par sa flexion le mouvement des ondes.

151. *Dessiner une courbe ondée*, fig. 147.

Du point A, tracez l'arc de cercle BC; tirez le rayon AC, que vous prolongerez indéfiniment. Portez AC de C en D, et de ce point comme centre décrivez l'arc de cercle CE. La courbe ondée BCE a ses ondulations égales; mais il arrive souvent d'en tracer dont les ondulations ont des courbures différentes, telles que la courbe BCF, dans laquelle l'arc CF est décrit avec un rayon plus petit que l'arc BC.

En général, dans toute courbe ondée, le point de jonction ou *nœud* C des deux courbures opposées, doit se trouver sur la ligne qui unit les deux centres.

DE LA SPIRALE.

152. On appelle *spirale* ou *volute* une courbe, fig. 148, dont chaque point se rapproche insensiblement d'un point C situé dans l'intérieur de la courbe. La ligne AB qui passe par ce point et mesure la plus grande distance comprise entre deux points de la courbe, se nomme *Cathète*.

La coquille appelée *Corne d'Ammon* présente l'exemple le plus parfait de cette courbe.

153. *Dessiner une spirale dont on donne la cathète* AB, fig. 148.

Divisez la cathète AB en huit parties égales. Prenez, à partir du point A, quatre de ces parties, et tracez du point C comme centre, avec la moitié de la cinquième partie pour rayon, une circonférence de cercle qu'on nomme *œil* de la volute. Inscrivez dans cette circonférence le carré *defg*, et divisez chacun de ses côtés en deux parties égales aux points 1, 2, 3, 4, qui sont les centres des quatre arcs de cercle AH, HI, IJ, JK, formant la première *révolution*. Pour décrire cette première révolution, menez par les points 1, 3 les droites 11′, 33′ parallèles à la cathète, et par les points 2 et 4, les droites 22′, 44′, perpendiculaires à cette ligne. Placez alors la pointe du compas au point 1, et avec un rayon égal à 1A, décrivez un arc de cercle qui rencontre la droite 22′ au point H. Reportez la pointe du compas au point 2, et avec 2H pour rayon, décrivez un arc de cercle qui vienne couper la droite 33′ au point I; opérez de même aux points 3 et 4, et vous aurez achevé la révolution AHIJ; pour décrire la deuxième révolution, menez dans le carré *defg* les droites 13, 24. Divisez la moitié 1C, 3C,.... 4C en deux parties égales aux points 5, 6, 7, 8, qui seront les centres des arcs KL, LM, MN, NO de la deuxième révolution, et que vous décrirez comme il vient d'être expliqué pour la première. Cette deuxième révolution vient se raccorder ici avec une circonférence de cercle, décrite avec le rayon CO. Mais on pourrait, pour s'exercer, et dans une figure plus grande, tracer la troisième révolution qui se raccorde avec l'œil de la volute, en divisant C1, C2,... C4 en trois parties; on obtiendrait ainsi douze points qui seraient les centres des douze arcs formant la spirale. Pour éviter les jarrets, la rencontre des arcs doit toujours se faire sur la ligne passant par deux points successifs, tels que 4 et 5, 7 et 8, etc...

CHAPITRE II.

DES APPLICATIONS DE LA LIGNE COURBE AUX FIGURES CURVILIGNES
ET AUX FIGURES MIXTILIGNES.

154. *Dessiner un chapelet*, fig. 149.

Le chapelet, espèce d'ornement fort simple qui prend son nom de sa ressemblance avec le chapelet porté par les chrétiens, est composé alternativement de circonférences de cercle, et de rectangles arrondis aux deux extrémités. Les circonférences de cercle se nomment *perles*, et les rectangles arrondis *olives*. Ayant tracé la ligne d'axe AA, marquez sur cette ligne à des intervalles égaux les points B qui sont les centres des circonférences; portez-en le diamètre de chaque côté des points B aux points c; tracez les perpendiculaires dd et décrivez les demi-circonférences EFG; vous terminerez la figure en tirant les droites EE, GG qui doivent être parallèles à la ligne AA.

155. *Dessiner un écusson*, fig. 150.

Les écussons tirent leur origine du bouclier du moyen âge nommé *écu*; ils servaient à inscrire les *armes* ou *blasons* des familles nobles.

Tirez la ligne AA, égale à la largeur de l'écusson, et par le milieu B une perpendiculaire sur laquelle vous porterez la hauteur CC; joignez les points A et C par des droites sur le milieu desquelles vous élèverez les perpendiculaires dd; les points E où ces perpendiculaires rencontrent la ligne AA prolongée sont les centres de l'arc AC; les courbes supérieures de l'écusson s'obtiendront en construisant les triangles équilatéraux CAF; les points F seront les centres des arcs AC.

156. *Dessiner une étoile curviligne à six pointes*, fig. 151.

Du point A comme centre, décrivez une circonférence de cercle; portez le rayon six fois sur cette circonférence aux points B, C,... G, et de chacun de ces points comme centre, avec le rayon AB, décrivez les arcs de cercle GAC, BAD,... BAF qui doivent se réunir deux à deux aux mêmes points A, B,...G. Pour construire les triangles curvilignes HIJ, décrivez du point A une circonférence intérieure, sur laquelle se trouve dans chaque triangle un des

côtés; ajoutez au rayon AB la distance comprise entre les deux circonférences concentriques, et avec le tout pour rayon tracez, des points B,C,.... G comme centres, les arcs de cercle formant les deux autres côtés des triangles.

Nota. Afin de décrire les circonférences de cercle qui forment la teinte des triangles et qui ont leur centre commun en A, on devra coller dans le milieu de la figure un petit morceau de corne transparente sur laquelle on fera une piqûre au point A; en plaçant la pointe du compas sur ce centre rapporté on évitera de faire un trou dans le papier et de ne pouvoir ainsi maintenir la pointe du compas au même centre.

157. *Dessiner la rosace* nommée *patère*, fig. 152.

Décrivez les circonférences concentriques formant le *listel* et celles du milieu ou *bouton*. Divisez la seconde circonférence en douze parties égales comme l'indique la figure, et tirez les rayons, que vous arrêterez au bouton. Pour dessiner les échancrures telles que *bdc*, construisez le triangle équilatéral *cab* dans lequel le point *a* est le centre de l'arc *bdc*. Tracez alors du point A comme centre, avec le rayon A*a*, une circonférence de cercle, et il vous suffira, pour tracer les autres échancrures, de prendre une ouverture de compas égale à *ab* et de décrire des arcs de cercle, en portant successivement une des pointes du compas sur les points de division et l'autre sur la circonférence décrite avec le rayon A*a*.

158. *Dessiner une rosace à godrons*, fig. 153.

Commencez par tracer le listel et le bouton; divisez la circonférence intérieure du listel en quatorze parties égales et tirez par les points de division les rayons AB; ayant mené un rayon CB à égale distance de deux rayons contigus AB, cherchez par tâtonnement sur un de ces rayons le centre D d'une circonférence de cercle passant par le point A et à laquelle la droite CB soit tangente; décrivez alors avec BD pour rayon une circonférence de cercle; son intersection par les différents rayons AB déterminera les points de centre des demi-cercles. Vous achèverez la figure en traçant par les points de contact D de ces demi-cercles les parties de rayon DE.

159. *Dessiner une rosace à feuilles de laurier*, fig. 154.

Cette rosace entourée d'un listel est composée d'un double rang de feuilles et d'un bouton à 6 pétales.

Après avoir tracé le listel et la circonférence dans laquelle est inscrit le bouton, divisez la circonférence intérieure du listel en douze parties égales et tirez les rayons AB. Ces rayons forment le milieu des feuilles dont les bases cc sont égales à la sixième partie de la circonférence circonscrite au bouton. Pour dessiner les contours de ces feuilles, décrivez une circonférence avec le rayon AC, portez de chaque côté des points e intersections de cette circonférence par les rayons AB, les points ff, et tracez les courbes Bfe. Les points k de rencontre des courbes du premier rang de feuilles avec celles du second rang doivent se trouver tous sur une même circonférence. On dessinera le bouton comme il a été indiqué pour la figure 153, § 158.

160. *Dessiner le compartiment*, fig. 155.

Ce compartiment employé souvent comme carrelage se compose de cercles et de losanges curvilignes. La seule difficulté de cette figure consiste à diviser bien exactement les centres des différentes circonférences, et à conserver toujours le même rayon. On commence par tracer les circonférences, et l'on dessine ensuite les losanges formés par la rencontre des arcs de cercle décrits de quatre centres différents avec le même rayon.

161. *Dessiner le compartiment*, fig. 156.

Ce compartiment se compose de cercles tangents les uns aux autres et disposés par rangées parallèles.

Après avoir tracé le rectangle ABCD, divisez le côté AB en 10 parties égales aux points b, et de ces points comme centres, avec Ab pour rayon, décrivez des circonférences qui se trouveront coupées par les côtés du rectangle; construisez alors le triangle équilatéral Abc qui a Ab pour côté; la hauteur de ce triangle mesurera la distance qu'il conviendra d'observer entre les parallèles dd, et l'intersection de ces parallèles par les droites bb déterminera les centres c,c, e,e des circonférences décrites dans chaque rangée et qui formeront entre elles les triangles curvilignes; on terminera la figure en traçant les circonférences intérieures.

162. *Dessiner les deux balcons*, fig. 157 et 158.

Le balcon, fig. 157, est composé de montants surmontés d'ogives dont l'écartement est maintenu par des cercles.

Dans le balcon, fig. 158, les montants portent des cercles qui s'entrelacent entre eux.

Les lignes ponctuées et l'ordre des lettres suffisent pour indiquer comment on doit procéder pour dessiner ces deux figures. Nous observerons seulement qu'il ne faut tirer les lignes droites qu'après avoir tracé toutes les lignes courbes.

163. *Dessiner une bordure de trèfles*, fig. 159.

Les lignes ponctuées et l'ordre des lettres rendent compte de la manière d'opérer.

164. *Dessiner la figure* 160.

Cette figure est employée fréquemment dans la composition des treillages de jardin; on emploie pour l'exécuter des tringles en bois de châtaignier auxquelles on donne les courbures indiquées sur le dessin; les unes enfoncées en terre, les autres s'attachent au moyen de fil de fer à la traverse du haut; des tringles verticales croisées par les courbes consolident le système; toutes les courbes sont des arcs de cercle qui ont pour centres les points A et B; on doit faire attention, en mettant le trait à l'encre, que les courbes passent alternativement les unes sous les autres.

165. *Dessiner l'entrelacs*, fig. 161.

166. *Dessiner une rosace en marqueterie*, fig. 162.

167. *Dessiner la rosace*, fig. 163.

Décrivez les deux circonférences concentriques ADGJ, adgj; divisez la première en douze parties égales aux points A, B, C,.. L, et tirez les rayons AM, BM, CM,.. LM qui partagent la seconde dans le même rapport aux points a, b, c,.. l; ayant mené les droites aC, bD, cE,.. lB, construisez sur une d'elles, Ak par exemple, le triangle isocèle Akn, et du point n comme centre avec le rayon An, décrivez l'arc de cercle dont Ak est la corde; construisez de la même manière le point o centre de l'arc Lpq et faites passer par chacun des points n et o une circonférence de cercle sur laquelle devront se trouver les centres de tous les autres arcs, qu'on décrira comme il a été expliqué pour la figure 152, § 157.

168. *Dessiner le balcon*, fig. 164.

On suivra, pour l'exécution de cette figure dont la simplicité produit un bon effet, l'ordre alphabétique des lettres.

169. *Dessiner la figure* 165.

Cette figure qui convient au dessin de certaines bordures, n'est composée que d'arcs de cercle. L'intersection des arcs de cercle décrits des points a comme centres, donne en b les centres des arcs ccc.

170. *Dessiner le compartiment*, fig. 166.

Ce compartiment convient également bien à la mosaïque et à la marqueterie.

Décrivez la bande circulaire qui forme l'encadrement, ainsi que les circonférences concentriques ABCD, EFGH; divisez la circonférence intérieure de l'encadrement en vingt parties, et de chaque point de division I avec un rayon égal à la corde II sous-tendant quatre des divisions, tracez les arcs de cercle IJ en partant du point I et en allant vers la droite; tracez ensuite d'autres arcs avec le même rayon et en partant du même point, mais en allant vers la gauche, et la partie du cercle comprise entre l'encadrement et la circonférence ABCD se trouvera ainsi décomposée en quadrilatères curvilignes dont les diagonales diminueront à mesure qu'ils se rapprocheront du centre; pour que le tracé de cette figure soit exact, il faut que les sommets des angles d'une même rangée circulaire se trouvent tous sur une même circonférence *klmn*, et que ceux de la même rangée dirigée vers le centre se trouvent tous sur un même rayon IA.

171. *Dessiner un T*, fig. 167 à 169.

172. *Dessiner un panneau d'écailles,* fig. 170.

173. *Dessiner le compartiment,* fig. 171.

174. *Dessiner un D orné*, fig. 172.

175. *Dessiner une rosace gothique*, fig. 173.

Cette rosace est imitée de celles qu'on voit aux vitraux des églises gothiques, et qui produisent un effet si riche par l'éclat des couleurs employées dans la peinture du verre. On a indiqué sur un quart de la figure toutes les lignes d'opération.

176. *Dessiner les mosaïques*, fig. 174 et 175.

Ces mosaïques ne sont que des combinaisons de circonférences, d'arcs de cercle et de lignes droites. Leur difficulté ne consiste que dans l'exactitude avec laquelle doivent en être tracées les différentes parties.

177. *Dessiner une cordelière*, fig. 176.

1° *Tracé au moyen d'arcs de cercle.*

Tirez les lignes *aa* et à égale distance entre elles la parallèle *bb*; prenez sur *bb* des intervalles égaux , et par les points de division *c* menez les obliques *de*, *d'e'*, *d''e''*, perpendiculaires sur *bb*.

Élevez alors par le milieu de *cd* une perpendiculaire qui vienne couper la ligne *de* au point *f*, et tirez *cf*, que vous prolongerez jusqu'à sa rencontre avec la droite *d''e''* au point *f'*. Les points *f* et *f'* seront les centres des arcs de cercle *gdgc*, *cgd''g*. Les centres des arcs de cercle formant toutes les courbes ondées , et leurs points de rencontre ou nœuds se trouveront sur la droite *bb* et sur ses parallèles menées par les points *f* et *f'*.

2° *Tracé par des points.*

Menez les droites *aa* , la parallèle *bb*, et les obliques *dd*, dont les intersections avec *bb* donnent en *c* les nœuds de la courbe ondée ; prenez la distance *gh* des points *g* aux droites *aa*, et tracez à cette distance les droites *ii*, sur lesquelles vous abaisserez des perpendiculaires des points *h*, pris sur

aa à égale distance des points *d*. Vous obtiendrez ainsi les points *g*, et il ne restera plus qu'à dessiner à la main les courbes *gdgcgdg*.

178. *Dessiner l'entrelacs*, fig. 177.

Tirez la droite *aa* et les perpendiculaires *bb*, *cc*, également distantes entre elles, et qui la coupent aux points *e* et *f*; ces points sont les centres des différentes circonférences qui forment l'entrelacs. La seule difficulté de cette figure consiste à éviter les jarrets dans la rencontre des circonférences de rayons différents.

179. *Dessiner un entrelacs gothique*, fig. 178.

180. *Dessiner un entrelacs aplati*, fig. 179.

1° *Tracé par des arcs de cercle.* — Tirez les parallèles AA, et à égale distance entre elles la parallèle *bb*, ainsi que les perpendiculaires *cc' dd' ee'*, menées à des intervalles égaux, et qui rencontrent la droite *bb* aux points C, centres des circonférences DEFG; tirez la droite D*d'*, qui coupe *bb* au point *h*; par le milieu de *hd'*, élevez une perpendiculaire *ii*, et par le point de rencontre I avec *dd'*, menez I*h*, que vous prolongerez jusqu'à son intersection K avec *cc'*. Les points K et I seront les centres des arcs de cercle formant la courbe ondée *lDhd'm*. Portez alors CI sur *cc'* de C en I', et CK sur *dd'* de C en K'. Les points I' et K' seront les centres de l'autre courbe *ncop*; le trait formant le listel se tracera avec les mêmes centres.

2° *Tracé par points.* — On tracera toutes les lignes ponctuées comme il est indiqué dans la partie *dcd'd'* de la figure, et on obtiendra par leur intersection autant de points qui serviront à dessiner les courbes ondées.

181. *Dessiner la rosace*, fig. 180.

Construisez le carré ABCD , tirez les diagonales AC, BD, et les droites EF, HG, passant par les milieux des côtés du carré. Du point I , intersection des deux diagonales, comme centre , décrivez la circonférence qui forme le bouton de la rosace et qui coupe les droites EF, GH, aux points J, K, L, M; tirez BJ, construisez le triangle isoscèle BOJ, et élevez sur le milieu du côté JO une perpendiculaire. Le point de rencontre P de cette perpendiculaire et de la diagonale BD est le centre de l'arc OJ. On obtiendra le centre de l'arc BO, en tirant par les points O et P la droite indéfinie P*r*, et en cherchant sur cette droite un point S également éloigné de O et de B. La courbe ondée BOJ se trouvera ainsi dessinée. Quant aux petites feuilles, on les formera en décrivant des arcs de cercle qui se coupent deux à deux aux points E, F, G, H, et dont les centres T se trouvent sur

4

les côtés du carré PUVY. On peut aussi dessiner par points les feuilles de cette rosace, comme on l'a indiqué sur la feuille JMA.

182. *Dessiner la rosace*, fig. 181.

Divisez la circonférence décrite du point *a* comme centre, en huit parties égales, aux points A,B,... H, et tirez les rayons A*a*, B*a*,... H*a* ; tracez ensuite chacune des feuilles formée de deux courbes ondées qui se coupent au centre *a* de la circonférence et au point *b*, et dont les centres sont, pour la plus petite, les points I, J, et pour la plus grande, les points K, L. Ces différents centres doivent se trouver pour toutes les autres courbes sur des circonférences décrites du point *a* et passant par les points I, J, K, L.

183. *Dessiner un compartiment gothique*, fig. 182.

Après avoir mené la ligne AA et la perpendiculaire BB, construisez les deux triangles isoscèles CED, FEG, dans lesquels les points C,G, D,F, sont les centres des arcs de cercle formant les courbes ondées *hij* et le point E le centre de la rosace. Prenez sur la ligne AA de chaque côté du point B un point K ; élevez par ce point une parallèle à BB, et portez sur cette parallèle la montée KL des deux ogives que vous décrirez des points M comme centres, avec MN pour rayon. Tracez ensuite avec les mêmes centres les courbes qui forment les différents champs, et terminez la figure en dessinant l'intérieur de la rosace et des ogives, ainsi que l'indiquent les lignes ponctuées.

184. *Dessiner un P gothique*, fig. 183.

185. *Dessiner un F gothique*, fig. 184.

186. *Dessiner la mosaïque*, fig. 185.

Cette mosaïque est composée de cercles entourés d'un entrelacs et de carrés curvilignes.

Cette figure très simple en apparence est d'une exécution difficile. Pour arriver à un résultat satisfaisant, il faut que les carrés formés par les lignes *aa, bb* parallèles aux côtés AC, AB du rectangle ABCD, soient parfaitement égaux. Les points C d'intersection de ces parallèles sont les centres des circonférences entières et des arcs de cercle formant l'entrelacs.

187. *Dessiner la bordure*, fig. 186.

Cette bordure est composée de feuilles nommées *rais de cœur simples* entre lesquelles sont placés des *dards*.

188. *Dessiner la bordure*, fig. 187.

Dans cette bordure, les *rais de cœur* sont divisés en trois feuilles.

189. *Dessiner l'entrelacs*, fig. 188.

Cet entrelacs se trace comme celui de la figure 178, § 179, avec cette différence qu'il est composé d'un listel, tandis que l'autre n'est formé que par un simple trait.

190. *Dessiner l'entrelacs*, fig. 189.

Les courbes formant l'entrelacs doivent être tracées à la main; on prendra les points nécessaires sur les parallèles *aa*, *bb*,...*ii*, en reportant leurs distances respectives des perpendiculaires AA.

191. *Dessiner un C orné*, fig. 190.

192. *Dessiner un R orné*, fig. 191.

193. *Dessiner la rosace*, fig. 192.

Du point A comme centre décrivez le listel qui entoure la rosace ainsi que la circonférence *bcd*, et menez les droites BC, DE perpendiculaires entre elles et qui divisent les circonférences en quatre parties égales. Construisez sur chacune des cordes *bc, cc,... db*, un triangle égal au triangle *bef* dont un des sommets se trouve sur la circonférence intérieure du listel, et par le milieu des arcs *bc,... db* et le sommet de l'angle opposé, menez une ligne telle que *fg*. Les droites *bf, fg, ef* serviront à dessiner les courbes par points comme il est indiqué § 129. On dessinera ensuite les petites feuilles placées sur les lignes BC, DE, et on terminera par le bouton du milieu.

194. *Dessiner la mosaïque*, fig. 193.

195. *Dessiner quatre sortes d'entrelacs doubles*, fig. 194, 195, 196, 197.

Les trois premiers entrelacs peuvent se tracer au compas. Dans la figure 194 les circonférences sont concentriques.

Dans la figure 195 les centres des circonférences dans les deux entrelacs se trouvent sur les mêmes perpendiculaires *bb* à la ligne du milieu AA.

Dans la figure 196 les centres se trouvent alternés et sont les sommets des angles de triangles équilatéraux ; quant à la figure 197, toutes les courbes doivent en être tracées à la main.

196. *Dessiner un E orné*, fig. 198.

Les parties de cette lettre situées au-dessus et au-dessous de la ligne AB étant symétriques, on s'en rapportera pour son tracé à ce que nous avons expliqué plus haut.

197. *Dessiner un U zébré*, fig. 199.

198. *Dessiner un culot*, fig. 200.

On appelle *culot*, dans les ornements qui imitent les feuillages ou *rinceaux*, la partie d'où ils semblent sortir.

Les courbes de cette figure se dessinent par points, à l'exception de la partie inférieure qui peut se tracer au moyen d'une demi-circonférence de cercle décrite du point *a* comme centre; les feuilles du collier qui sert de base au culot doivent être toutes tangentes à l'arc de cercle dont le centre est au point *b*.

199. *Dessiner un culot plus riche*, fig. 201.

On ne devra dessiner les détails des feuilles que quand on en aura tracé la masse comprise entre les lignes courbes continues *abc*, *ade*; ces courbes s'obtiendront en rapportant exactement les lignes et les points marqués sur la figure.

200. *Dessiner une coquille*, fig. 202.

Cette coquille employée fréquemment dans la composition des ornements est le *peigne*, que les pèlerins attachaient à leurs vêtements.

Tirez les lignes droites *aa*, *bb* perpendiculaires entre elles et se coupant au point C, et portez sur *bb* de chaque côté du point C la distance C*d*; construisez le triangle *deC* et dessinez les courbes symétriques *dfe* ayant leurs nœuds aux points *f* et les centres des arcs qui les composent au point *h* et à l'intersection des lignes *di*, *hf* prolongées suffisamment; par les milieux *j* des arcs sous-tendus par les cordes *df*, menez une droite *jj* qui doit être parallèle à *bb*, et qui coupe *aa* au point *k*; des points C, *k*, *e* comme centres, avec C*d*, *kj*, *ef* pour rayons tracez les demi-circonférences *dld*, *jmj*, et l'arc de cercle *fnf*, et divisez chacune de ces trois courbes en treize parties égales; chacune des courbes formant les cannelures de la coquille passera par trois des points de division correspondants, c'est-à-dire que la première courbe à gauche passera par les points 1, 1', 1'', la deuxième courbe par les points 2, 2', 2 ' et ainsi de suite; on dessinera ensuite la courbe ondée qui passe par les douze points de division de la circonférence *dld* ainsi que la partie inférieure de la coquille qui en forme comme la charnière.

201. *Dessiner un panneau avec encadrement*, fig. 203.

On a rassemblé dans cette figure quelques-unes des figures vues précédemment. L'encadrement a ses angles arrondis et se terminant en forme d'*enroulement* pour supporter une *palmette*; dans l'intérieur de l'encadrement sont inscrits un B, un S et un O. On a indiqué sur la moitié de la figure toutes les lignes d'opération nécessaires; observez que le tracé de la palmette est semblable à celui de la coquille § 200, avec cette différence que deux des courbes qui servent aux divisions des feuilles de la palmette sont des ogives dont les centres sont en *a* et en *b*.

202. *Dessiner l'entrelacs*, fig. 204.

Cet entrelacs qui s'emploie fréquemment dans la composition des balcons,

est composé d'ovales qui se lient à des circonférences de cercle; les ovales, comme l'indique la figure, sont décrits par la méthode du paragraphe 146; cette figure présente une très grande difficulté, si l'on veut parvenir à la dessiner correctement.

203. *Dessiner des enroulements*, fig. 205.

On appelle *enroulement* une combinaison de courbes ondées et de spirales que l'on orne de feuillages, de culots et de fleurs; parfois même on y mêle des représentations d'animaux et de figures fantastiques. Ce genre d'ornement forme la partie principale des peintures nommées *arabesques*; dans la figure 205 les deux enroulements en forme d'S supportent un médaillon.

Pour dessiner un enroulement, on commence par tracer une ligne courbe qui en donne le mouvement, et l'on adapte ensuite à cette ligne les feuilles, les culots et les fleurs dont on veut l'orner. Tirez une ligne indéfinie *aa* sur laquelle vous marquez en B et *b* les centres des deux spirales; tracez la cathète CD de la plus grande spirale, perpendiculaire à la ligne *aa*, et ayant mené par le point *b* une perpendiculaire à la même ligne, portez sur cette perpendiculaire du point *b* au point *e* la distance BD du centre de l'œil de la grande spirale à l'extrémité inférieure de la cathète; divisez *bc* en neuf parties égales et portez sur le prolongement de *bc* sept de ces parties de *b* en *d*: *ed* sera la cathète de la petite spirale.

Ayant décrit les deux spirales comme il a été expliqué au paragraphe 153, prolongez les rayons E*i*, *ei* de la première révolution des deux spirales parallèles aux cathètes, et tirez la ligne F*e* qui coupe *aa* au point F; élevez alors une perpendiculaire par le milieu de chacune des parties EF, *e*F de la ligne E*e*; les points G, *g* d'intersection de ces perpendiculaires et des prolongements des rayons E*i*, *ei* sont les centres des arcs de cercle formant la courbe ondée EF*e*. Vous rapporterez ensuite sur ces différentes courbes les ornements indiqués sur la figure; quant au petit enroulement supérieur dont la tige sort d'un des culots de l'enroulement principal, vous pouvez le tracer par points au moyen des lignes ponctuées indiquées sur la figure; terminez par le médaillon et le chiffre qu'il renferme.

204. *Dessiner l'ornement*, fig. 206.

Cet ornement composé d'une rosace à quatre feuilles entre deux palmettes est dans le genre *étrusque*. On appelle ainsi un genre de peinture monochrome employé par les anciens peuples du centre de l'Italie nommé *Étrurie*, et dont il nous reste entre autres monuments un grand nombre de vases remarquables par leur forme ainsi que par la variété des figures dont ils sont enrichis.

205. *Dessiner la vignette*, fig. 207.

On appelle *vignette* une sorte de dessin qui se place à la tête d'un livre ou d'une page; celle qui est représentée ici imite le dessin mousseline; son exécution demande du goût et de la légèreté dans la main.

206. *Dessiner la bordure*, fig. 208.

Cette bordure est composée de rais de cœur et de feuilles de laurier superposées; entre les feuilles on a placé une tige surmontée du fruit du laurier.

207. *Dessiner une palmette à enroulements*, fig. 209.

Cette palmette doit être dessinée entièrement sans le secours du compas et au moyen seulement des lignes d'opération indiquées sur la figure; elle est inscrite dans une ogive à laquelle est tangente chacune des feuilles qui la composent.

208. *Dessiner des postes*, fig. 210.

On appelle *postes* une sorte d'enroulement sans fin, dont les parties semblent courir les unes après les autres; il n'y a que les spirales et les circonférences qui se décrivent au compas; les courbes ondées doivent être tracées par points. Entre chaque poste et de l'enroulement même sort une tige avec son culot qui donne naissance à une demi-palmette nommée *Écossas*.

209. *Dessiner un tympanon*, fig. 211, et *une lyre*, fig. 212.

Le *tympanon*, instrument employé chez les anciens, se composait d'un châssis portant des tringles en fer ou en laiton sur lesquelles on frappait avec une baguette.

La *lyre* était un instrument à cordes avec lequel les poëtes de l'antiquité accompagnaient leurs chants.

Le tympanon et la lyre sont employés fréquemment comme ornements dans les décorations qui rappellent l'art musical.

210. *Dessiner la bordure*, fig. 213.

Cette bordure est composée de feuilles d'*acanthe*. L'acanthe est une plante à feuilles pointues et épaisses remarquable par le mouvement gracieux de ses feuilles. Après avoir tiré la droite *aa* et les perpendiculaires *bb* également espacées, décrivez les deux arcs de cercle *cb* qui forment la masse de la feuille; marquez ensuite les points *e,f* nommés *yeux* qui doivent se trouver sur les parallèles à *aa* et tirez ensuite d'autres parallèles telles que *gg, hh, ii* dont les intersections avec les arcs de cercle *cb* détermineront l'extrémité

des folioles; dessinez-en alors les détails, ainsi que les côtes ou *godrons* qui partent de chacun des yeux.

211. *Dessiner une palmette double*, fig. 214.

Cette palmette, dont toutes les feuilles ont leur extrémité inférieure placée sur une rosace entourée d'un listel, est inscrite dans un ovale tracé par la méthode indiquée § 146.

212. *Dessiner un Q très riche*, fig. 215.

213. *Dessiner une bordure étrusque*, fig. 218.

Cette bordure est composée de culots portés par des demi-cercles renversés et terminés en spirales.

214. *Dessiner une poste double ornée*, fig. 216.

Commencez par dessiner l'enroulement au moyen d'un simple trait; lorsque ce trait aura le mouvement convenable, vous tracerez la tige avec ses culots ainsi que les rosaces.

215. *Dessiner une poste simple mais ovale*, fig. 217.

Opérez pour dessiner cette figure comme l'indiquent les lignes ponctuées. L'enroulement est formé par une ligne ovale qui se raccorde avec un arc de cercle dont le centre est placé sur des rayons qui ont servi à tracer la grande courbure de l'ovale.

216. *Dessiner la bordure étrusque*, fig. 219.

Cette bordure d'une très grande élégance est composée de palmettes et d'enroulements; on devra la dessiner dans une proportion plus grande, afin de s'exercer la main au tracé des spirales sans l'aide du compas.

217. *Dessiner l'entrelacs*, fig. 220.

Cet entrelacs qui est d'une composition très riche rappelle le goût des ornements du xv⁰ siècle.

218. *Dessiner la vignette étrusque*, fig. 221.

Le centre de cette vignette est une rosace à quatre feuilles entourée d'un listel composé de plusieurs filets; à l'entour sont des ornements légers et gracieux en forme d'enroulements, qui supportent des palmettes à feuilles pointues.

219. *Dessiner l'ornement*, fig. 222.

Cet ornement dans le genre étrusque représente des feuillages ou rinceaux sortant d'un culot et terminés par une palmette.

220. *Dessiner un Y orné*, fig. 223.

Cet Y est composé de rinceaux et d'enroulements dans le genre étrusque.

221. *Dessiner un Z orné*, fig. 224.

Le corps du Z est formé par un double culot d'où sort à chaque extrémité un enroulement se terminant en feuillage.

222. *Dessiner la bordure*, fig. 225.

Cette bordure offre une application de toutes les parties d'ornement dessinées jusqu'ici ; elle contient des rosaces, des culots, des palmettes, et des enroulements de différentes espèces.

L'ornement offre une variété de combinaisons infinies, et c'est au goût à savoir distinguer celles dont l'effet est le plus agréable. L'ornement est donc une partie du dessin tout à fait arbitraire ; cependant les types principaux que nous avons montrés et dont la forme est toute géométrique, suffisent pour donner aux élèves une idée de ce genre de composition, dans lequel la symétrie et la régularité des masses dissimulées adroitement par les détails, ne sont nullement opposées à l'agrément et à ce qu'on appelle dans les arts le *sentiment.*

FIN.

Fig 1.

Fig 2.

Fig 3.

Fig 4.

Fig 5.

Fig 6.

Fig 7.

Fig 8.

Fig 9.

Fig 10.

Fig 10 bis.

Fig 11.

Fig 12.

Fig 13.

Fig 14.

Fig 15.

Fig 16.

Fig 17.

Fig 18.

Fig 18 bis.

Fig 19.

Fig 20.

Fig 21.

Fig 22.

Fig 23.

Fig 24.

Fig 25.

Fig 26.

Fig 27.

Fig 28.

Fig 29.

Fig 30.

Fig 31.

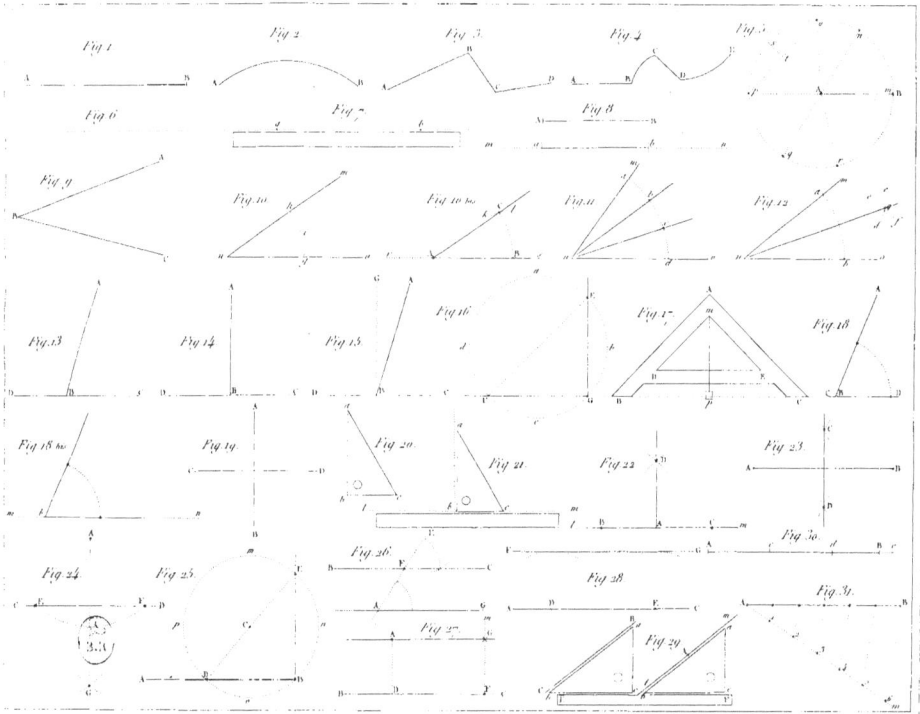

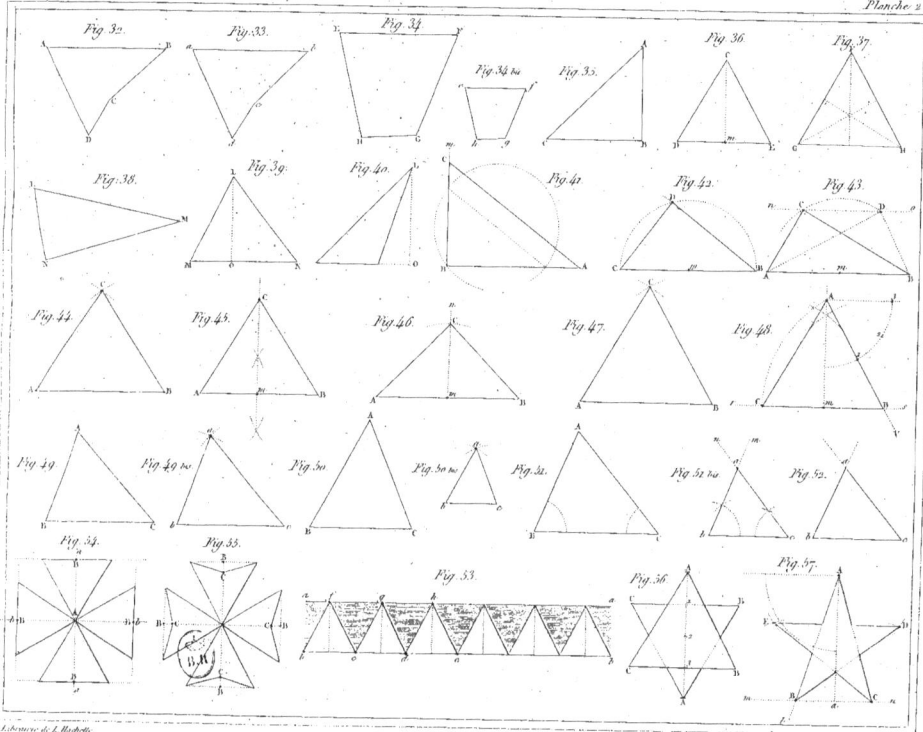

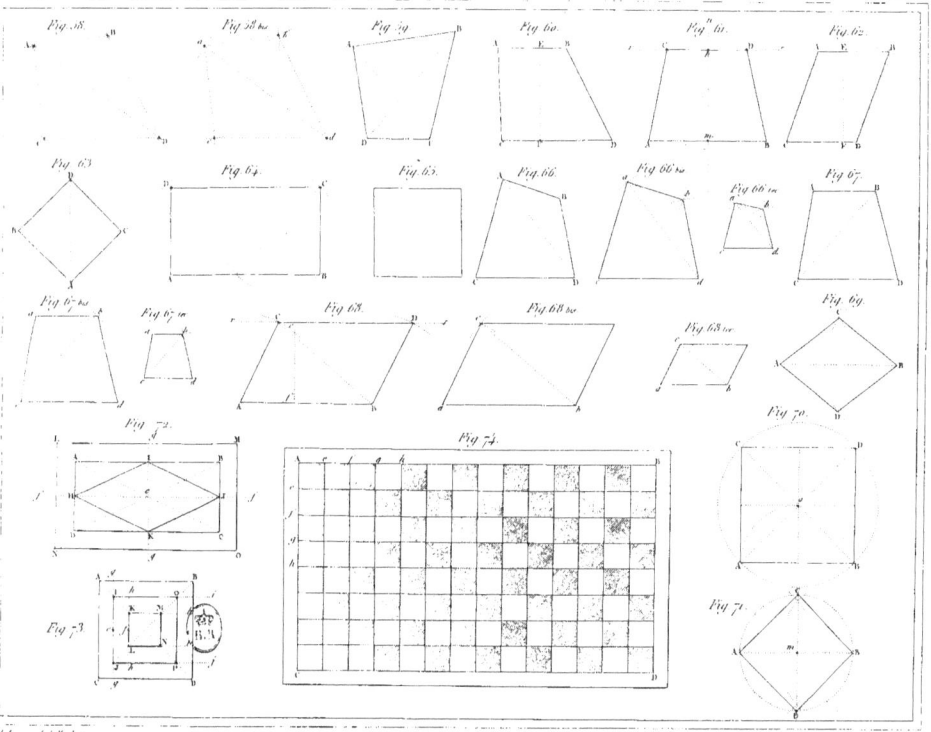

Fig. 76.

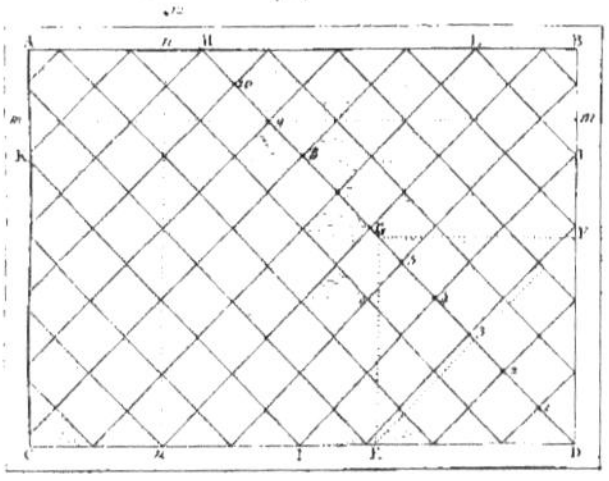

Fig. 75.

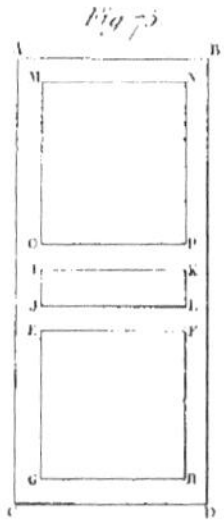

Fig. 78.

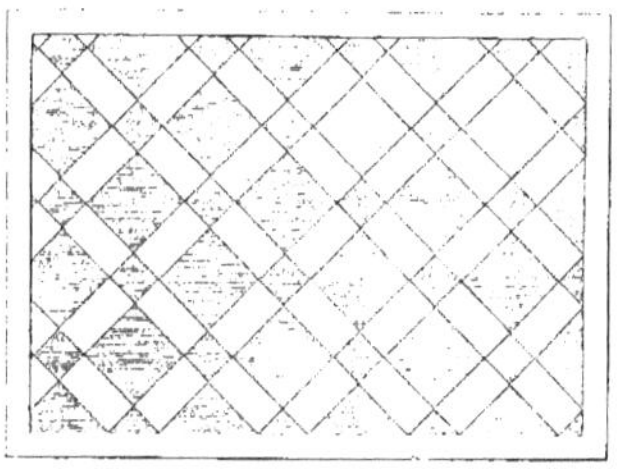

Fig. 80.

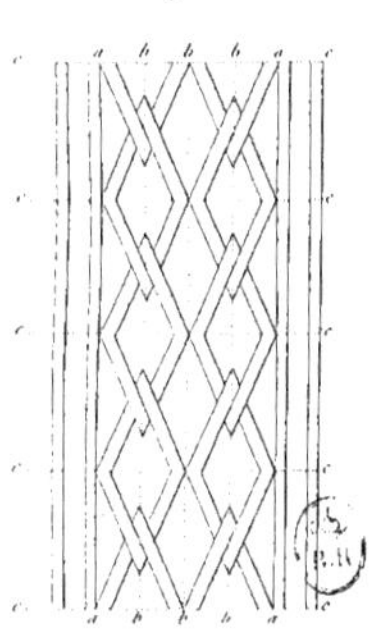

Fig. 77.

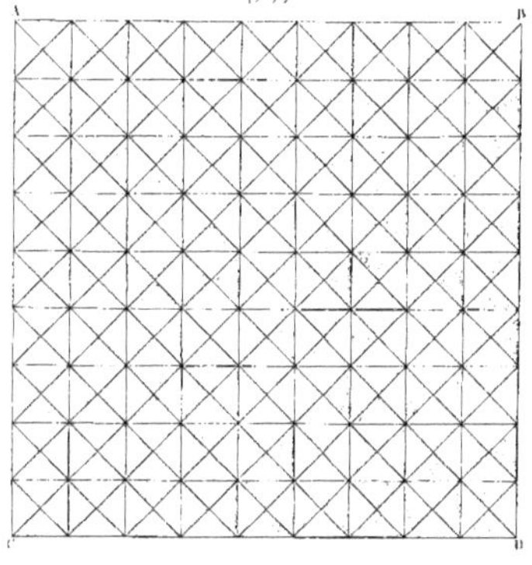

Fig. 79.

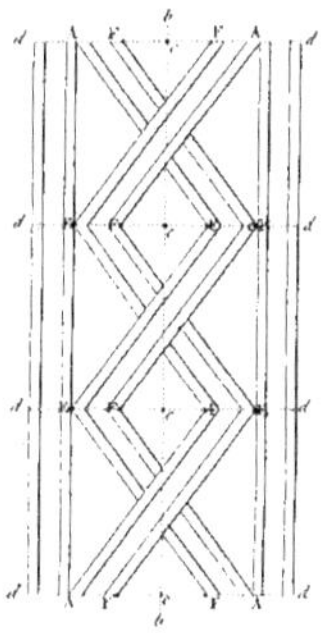

Fig. 82.

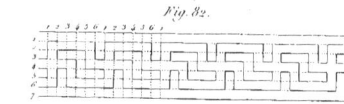

Fig. 83.   *Fig. 84.*

Fig. 81.

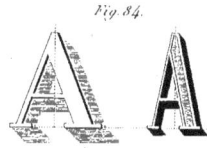

Fig. 87.   *Fig. 86.*

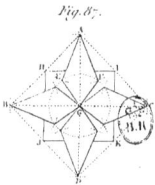

Fig. 85.

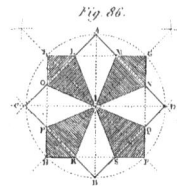

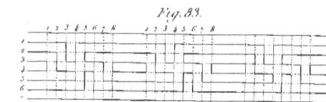

L'édenne de J. Hachette.   *Gravé par Bureau.*

Fig. 91.   Fig. 88.   Fig. 90.

Fig. 92.   Fig. 93.   Fig. 95.   Fig. 96.

Fig. 94.   Fig. 97.

Fig. 98.   Fig. 89.   Fig. 99.

Fig.101.

Fig.103.

Fig.100.

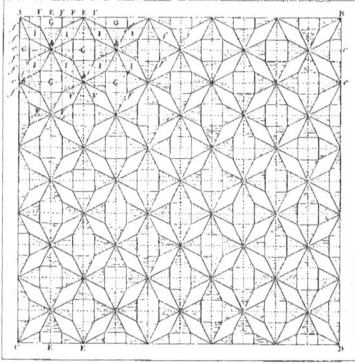

Fig.107.

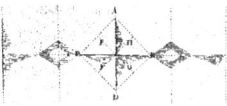

Fig.108.

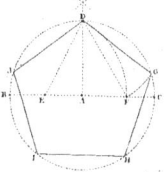

Fig.109.

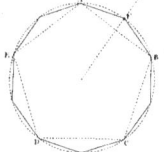

Fig.103. *Fig.102.*

Fig.106.

Fig.106 bis.

Fig.110.

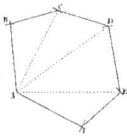

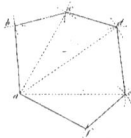

Fig.112.

Fig.104.

Fig.111.

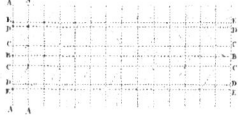

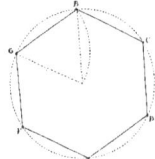

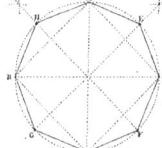

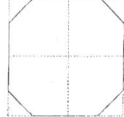

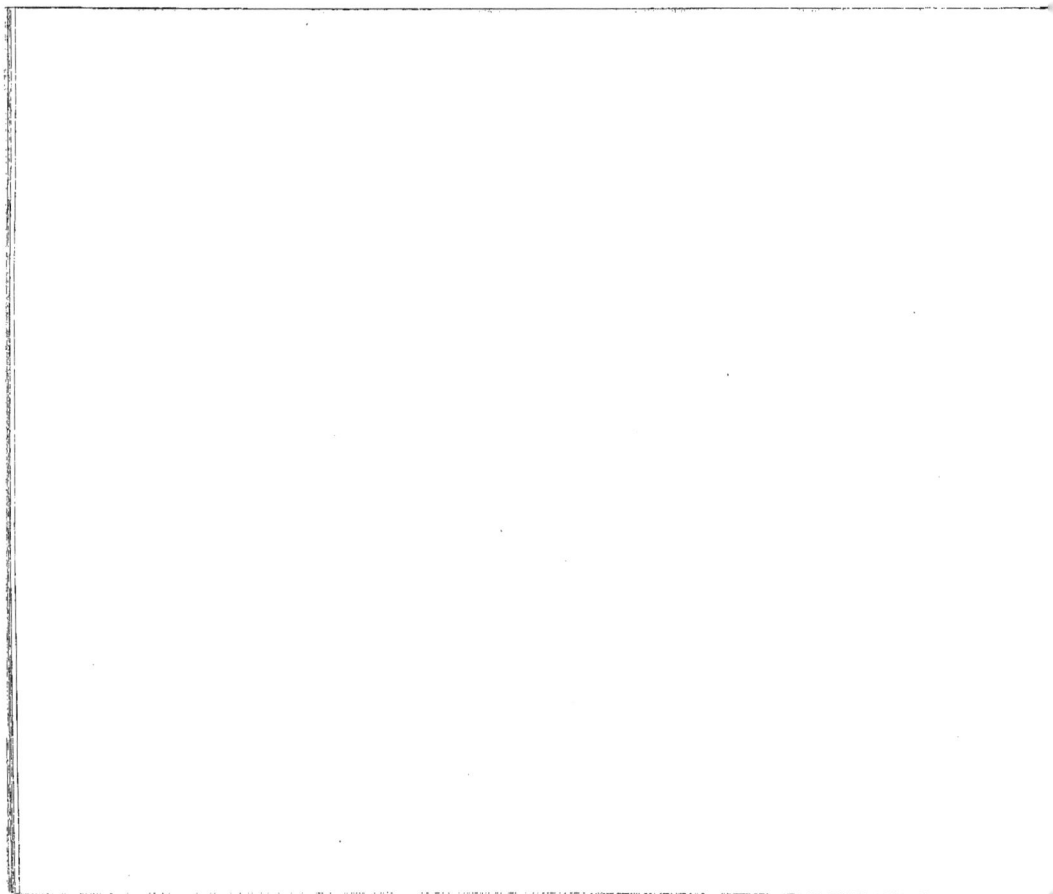

Fig. 117.

Fig. 114.

Fig. 115.

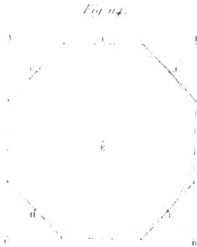

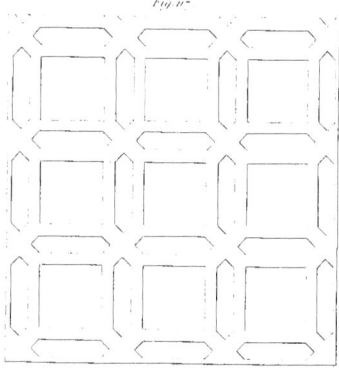

Fig. 116.

Fig. 115.

Fig. 118.   Fig. 119.

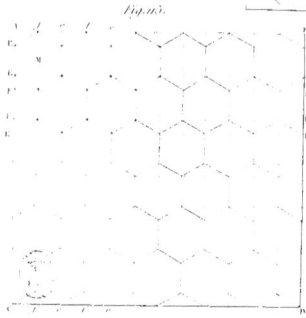

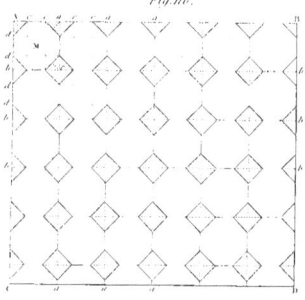

Fig. 120.

Fig. 121.

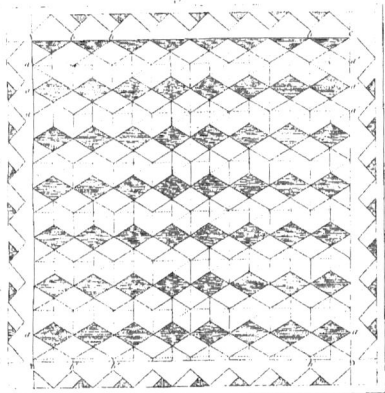

Fig. 120.

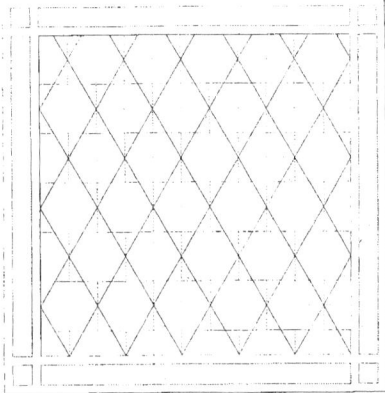

Fig. 123.

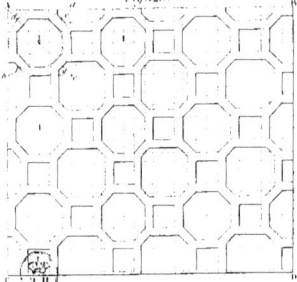

Fig. 122.

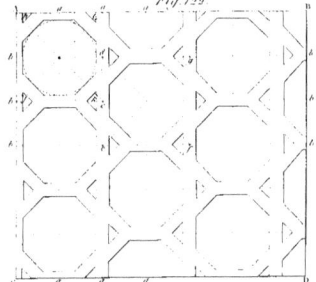

Fig. 124.

Fig. 125.

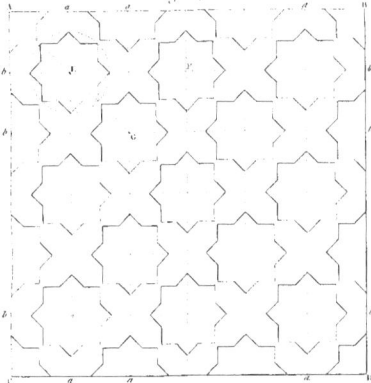

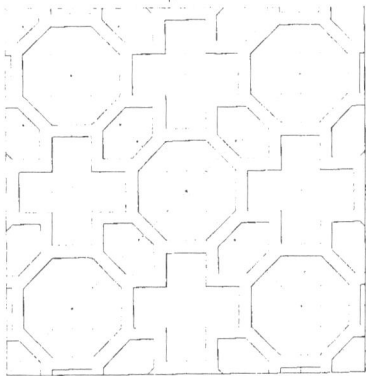

Fig. 126.

Fig. 130.   *Fig. 131.*

Fig. 127.   *Fig. 128.*

Fig. 132.

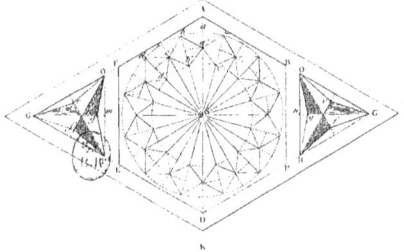

Fig. 129.

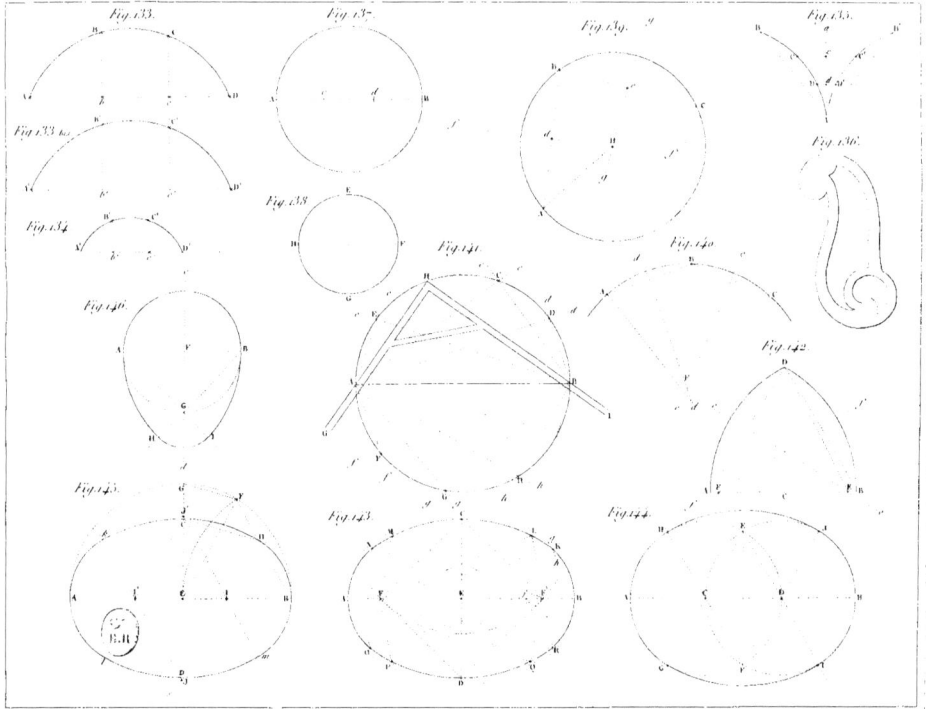

Fig. 133. Fig. 137. Fig. 139. Fig. 135. Fig. 133 bis. Fig. 134. Fig. 138. Fig. 141. Fig. 140. Fig. 136. Fig. 146. Fig. 142. Fig. 143. Fig. 143. Fig. 144.

Fig.148.

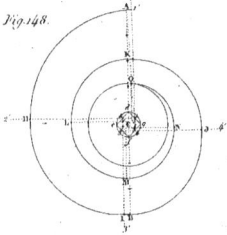

Fig.150.

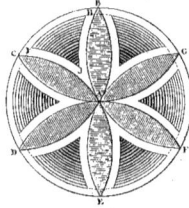

Fig.154.

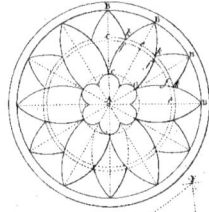

Fig.147.

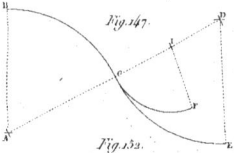

Fig.155.

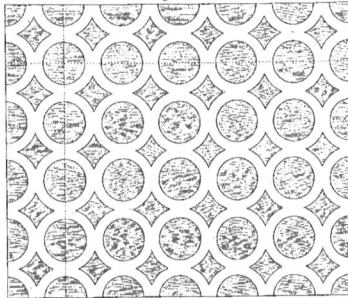

Fig.150.

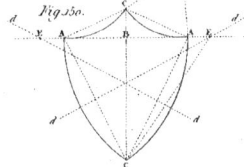

Fig.152.

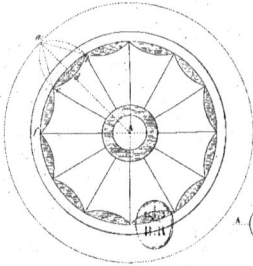

Fig.153.

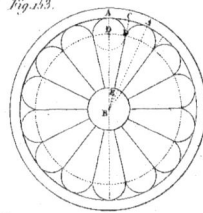

Fig.149.

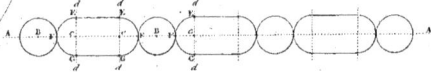

Fig. 157.

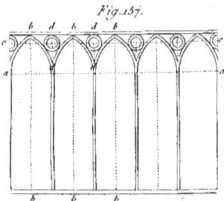

Fig. 156.

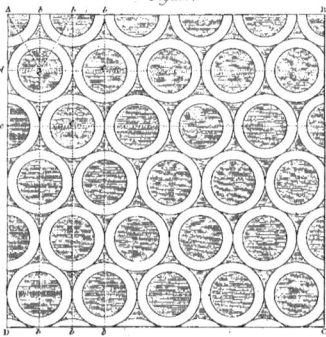

Fig. 158.

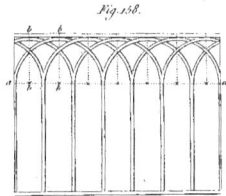

Fig. 163.

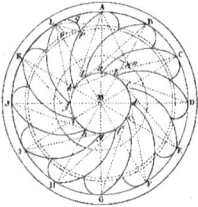

Fig. 162.

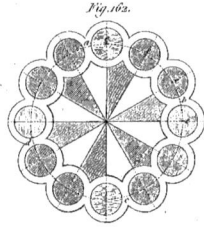

Fig. 160.

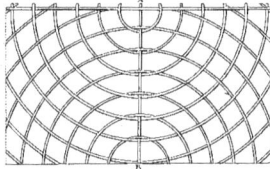

Fig. 159.

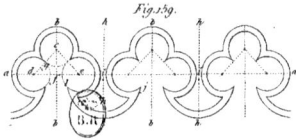

Fig. 161.

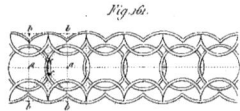

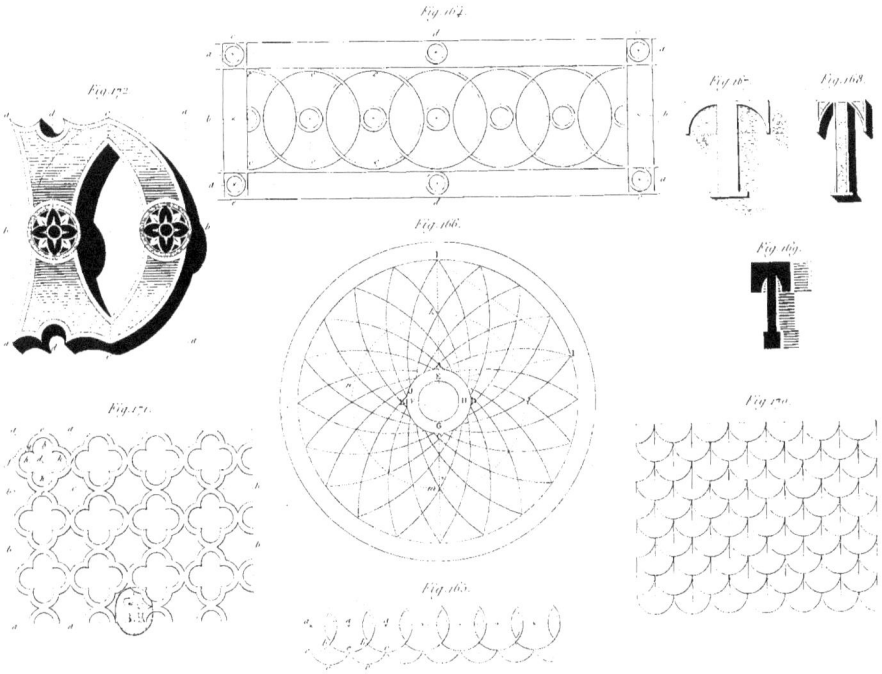

Fig. 164.

Fig. 172.

Fig. 167.   Fig. 168.

Fig. 166.

Fig. 169.

Fig. 171.   Fig. 170.

Fig. 165.

Fig. 176.

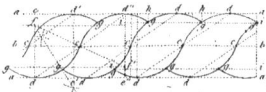

Fig. 177.

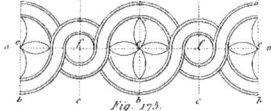

Fig. 174.

Fig. 175.

Fig. 178.

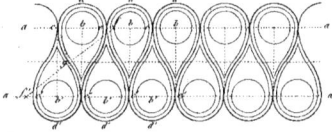

Fig. 179.

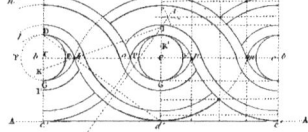

Librairie de L. Hachette.   *Gravé par Preux.*

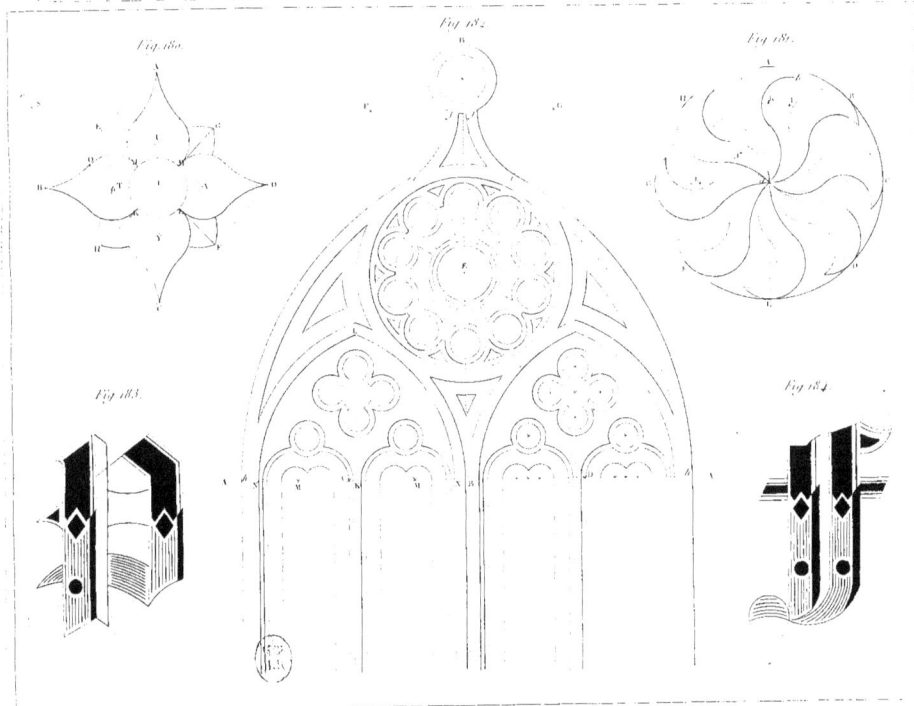

Fig. 187.

Fig. 186.

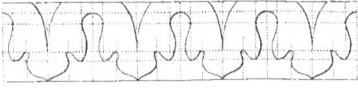

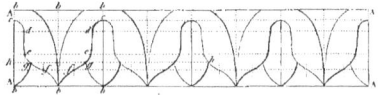

Fig. 185.

Fig. 191.

Fig. 190.

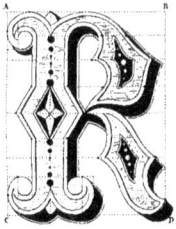

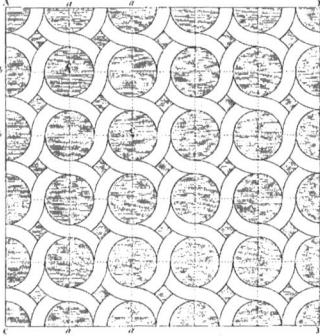

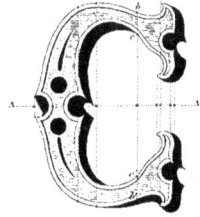

Fig. 188.

Fig. 189.

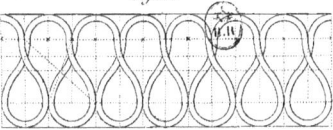

Librairie de L. Hachette.   *Chez par Parent.*

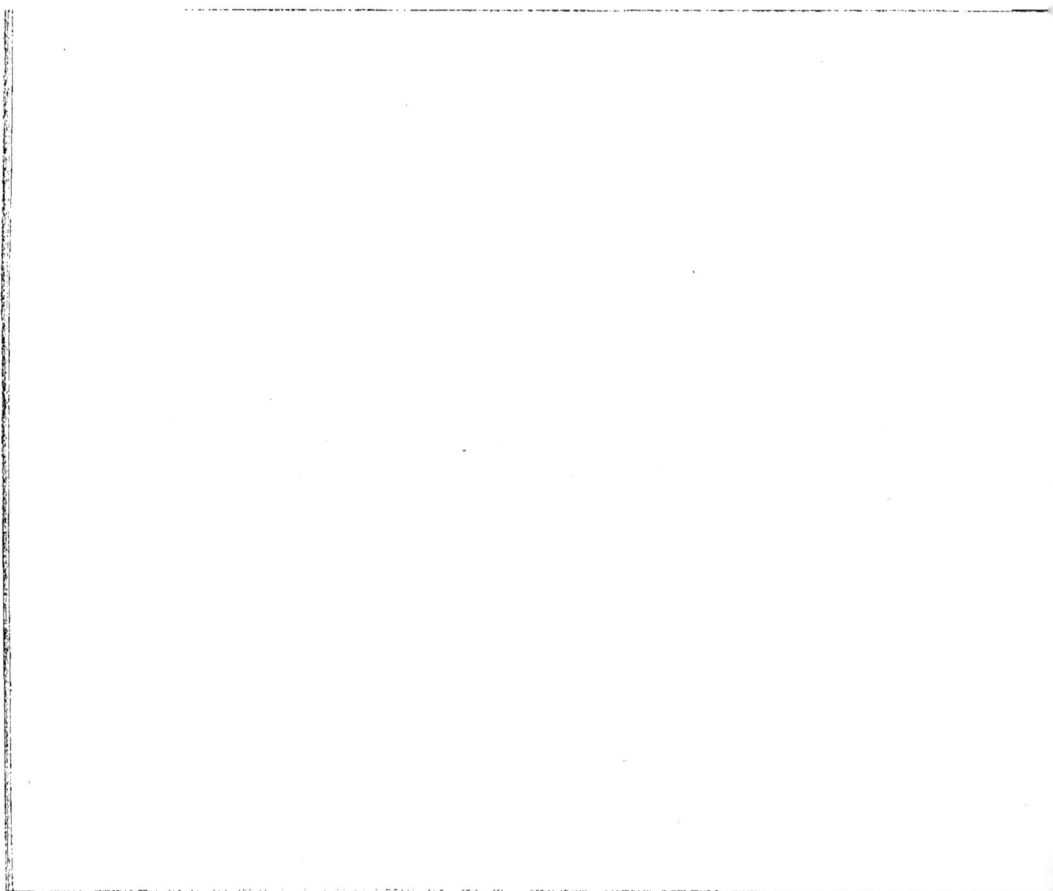

Fig. 194.

Fig. 192.

Fig. 193.

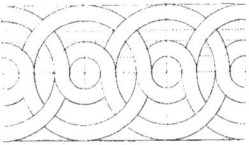

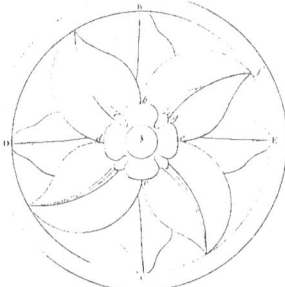

Fig. 199.

Fig. 198.

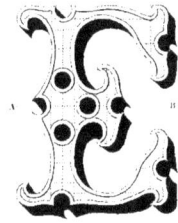

Fig. 196.

Fig. 195.

Fig. 197.

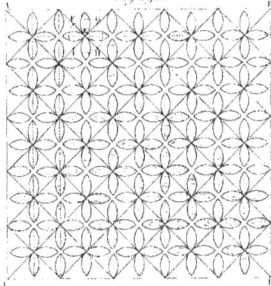

Fig. 203

Fig. 200.   *Fig. 202.*   *Fig. 201.*

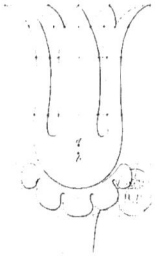 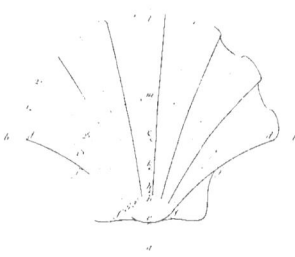 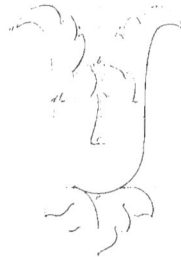

Fig 207.   Fig 204.   Fig 206.

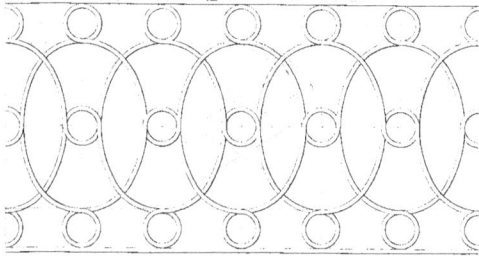

Fig. 205.

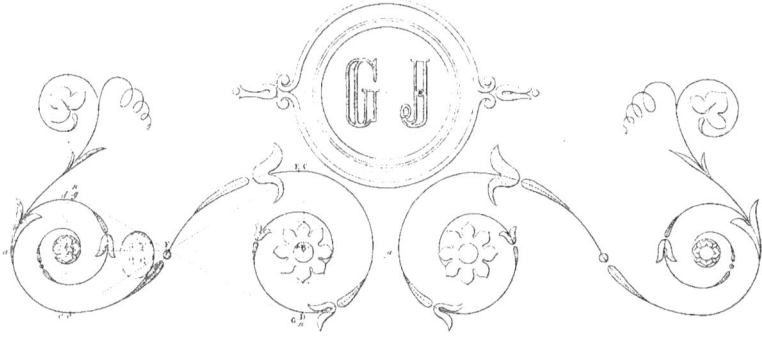

Fig. 211.

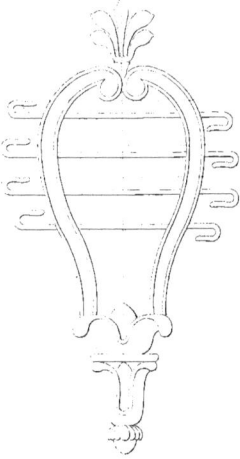

Fig. 208.

Fig. 212.

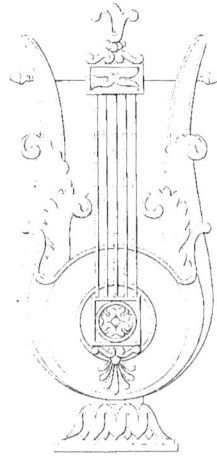

Fig. 209.

Fig. 210.

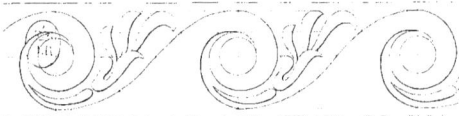

Fig. 216.

Fig. 213.

Fig. 217.

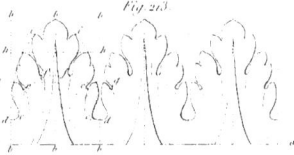

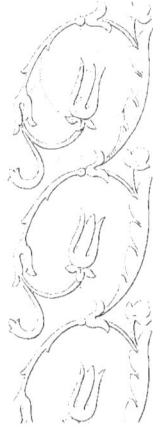

Fig. 214.

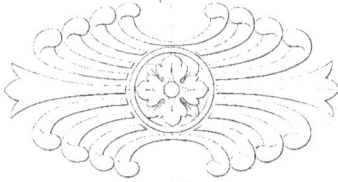

Fig. 215.

Fig. 218.

Fig. 219.

Librairie de L. Hachette.   Gravé par Poan

Fig. 220.

Fig. 221.

Fig. 222.

Fig. 223.

Fig. 224.

Fig. 225.

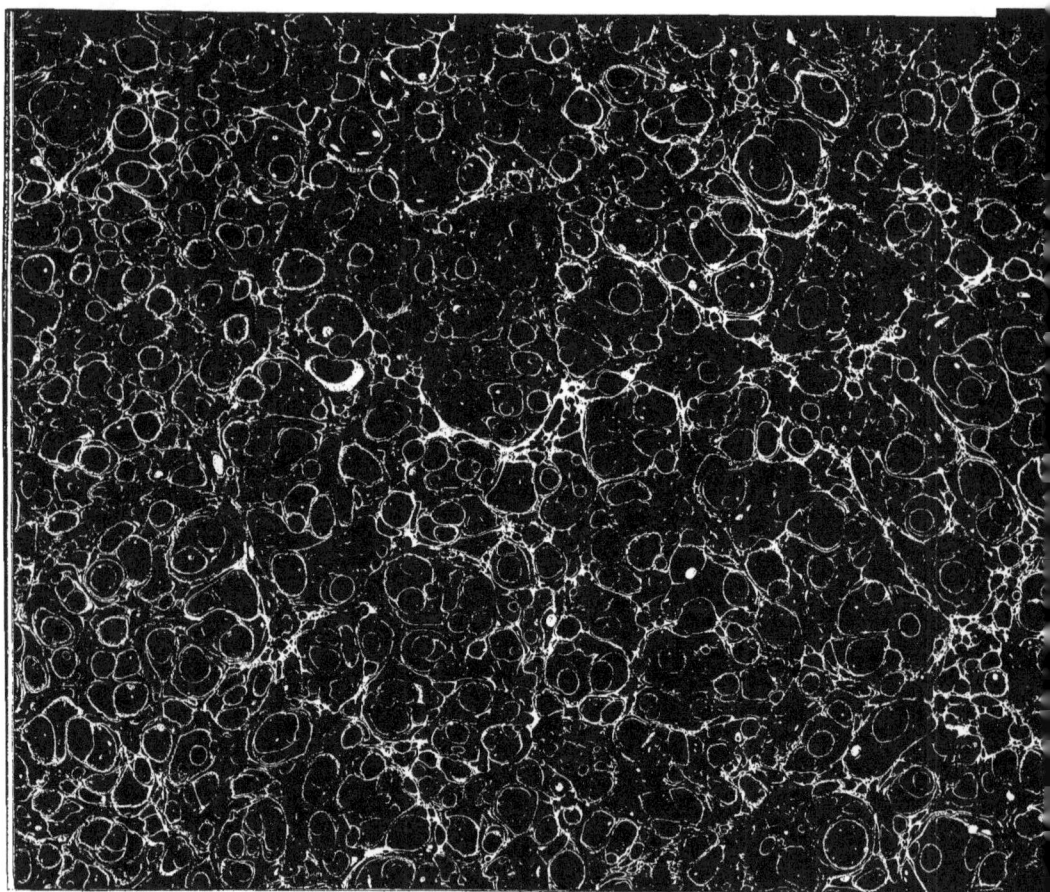

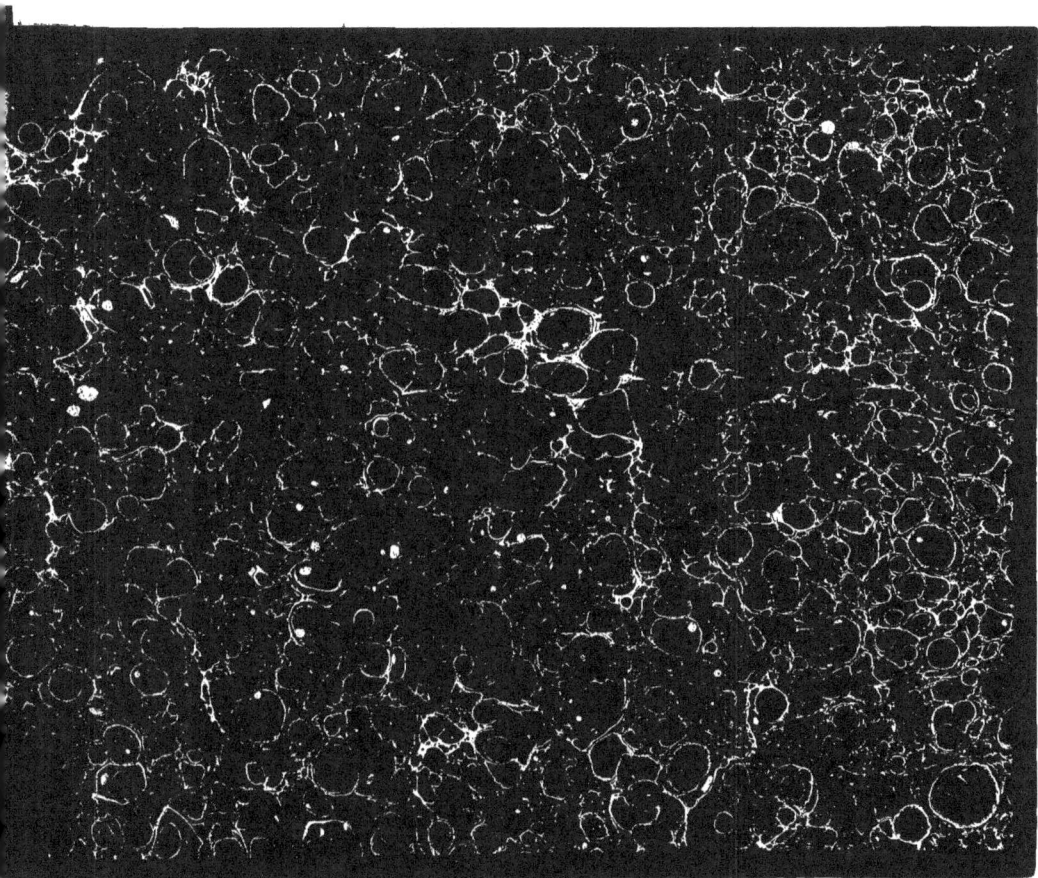

www.ingramcontent.com/pod-product-compliance
Lightning Source LLC
LaVergne TN
LVHW050647090426
835512LV00007B/1070